임성근의
한끗 다른
# 집밥

# 임성근의
## 한끗 다른
# 집밥

임성근 지음

pan'n'pen

# PROLOGUE

## 가족 모두 함께하는 식탁을 만드세요

가족 모두가 식탁에 모여 밥 한 끼 먹는 게 참 힘들어요. 저희 집도 아내와 두 아들, 저 이렇게 네 식구가 둘러앉아 이야기하며 밥 먹는 게 쉽지 않아요. 그래도 일주일에 한 번은 꼭 함께 저녁 시간을 보내려고 노력하죠. 예전을 생각해보면 가족 모두 밥상에 빙 둘러 앉아 어머니가 차려주시는 저녁을 먹는 게 그저 평범한 일상이었는데 말이죠. 요즘은 각자의 일로 바쁜 아빠와 엄마, 공부며 운동 등 여러 가지를 배우느라 바쁜 아이들까지 집밖에서 보내는 시간이 많죠. 당연히 아이들이 클수록 가족이 식탁에서 마주치는 일은 더욱 드물어지죠. 그렇지만 가족에게 있어서 함께 밥상에 둘러앉아 따끈하게 지은 밥 한 술 뜨며 이런저런 일상 이야기를 나누는 시간은 참 중요합니다. 왜냐하면 그 시간은 절대로 다시 돌아올 수 없고, 꼭 말하지 않아도 되는 감정들이 오가는 순간이기 때문이죠. 또한 풍성하고 화려한 음식은 아닐지라도 가족을 위해 요리한 음식에는 무엇보다 따뜻한 애정이 담겨 있으니까요.

물론 한 끼 밥을 차리는 일은 쉽지 않습니다. 요리가 어렵게 느껴지면 배달 음식을 주문하거나 외식을 하게 마련이에요. 우선 조리가 쉬워야 요리에 재미를 붙일 수 있습니다. 요리하는 횟수가 늘어나면 손수 차린 음식 앞에 자연스레 가족이 모이는 일도 늘어납니다.

이 책은 여러분에게 요리를 쉽고 맛있게 만드는 방법을 알려드리고자 합니다. 우리 밥상에 자주 오르는 반찬과 국, 찌개, 그리고 하나만 있어도 든든하게 한 끼를 채울 수 있는 여러 일품 요리까지 담겨 있습니다. 누구의 집에나 있을 법한 양념과 어디에서나 구할 수 있는 식재료를 가지고 레시피대로 찬찬히 따라 하다 보면 요리 기술도 늘고 재미가 붙을 겁니다.

아침도 좋고 저녁도 좋아요. 빨리 한 끼 차려 가족이 함께 할 수 있는 시간을 만드세요.

## 요리에 정답은 없습니다

요즘은 개인의 취향이 존중되는 사회죠. 입맛도 마찬가지입니다. 누구는 매운 맛을, 누구는 순한 맛을 좋아하고, 달고 짠맛도 개인의 취향입니다. 요리를 할 때는 내 입맛에 맞게 만들면 돼요. 매운 맛을 좋아하면 조리할 때 고춧가루나 청양고추를 더 첨가하고, 단맛이 부족하다 싶으면 감미료를 더 넣으세요. 이 책에서 제가 소개하는 레시피는 여러분의 조리를 돕는 기준입니다. 여러분의 요리에 해답이 될 수는 있어도 정답은 아니니 레시피의 양념 기준을 따르되 각자의 입맛에 맞게 변형해도 괜찮습니다. 대신 책 속 레시피를 따라하면 요리가 조금은 쉬워질 것이라고 확신합니다. 그리고 각각의 요리마다 제가 가진 요리 비법을 풀어 놓았으니 놓치지 마시길 바랍니다.

임성근

# 이 책을 활용하는 방법

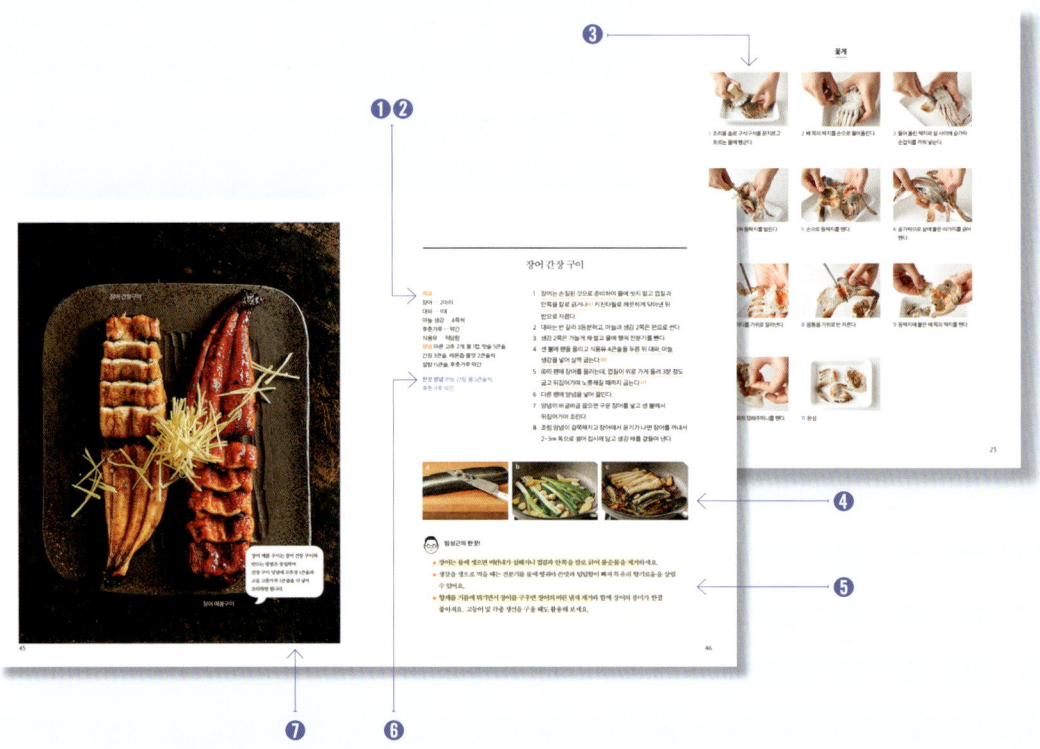

### ❶ 계량 기준

책 속에 수록된 모든 조리법은 계량 저울, 계량컵, 계량스푼을 사용하여 재료의 분량을 측정하였습니다. 1컵은 200㎖, 1큰술은 15㎖, 1작은술은 5㎖ 입니다. 계량도구 사용법은 16페이지에 있습니다. 감자, 당근처럼 크기가 제각각인 채소는 1개의 어림치를, 콩나물, 버섯, 부추 같은 재료는 1줌의 양을 사진으로 표시해 17페이지에 설명하고 있습니다.

### ❷ 재료의 분량은 2인 기준

요리 재료는 2인 가족이 한 끼에 맛있게 먹을 수 있는 분량으로 레시피를 만들었고, 두고 먹을 수 있는 반찬은 조금 넉넉하게 분량을 제시했습니다. 단, 라면처럼 한 그릇씩 요리할 일이 많은 음식은 '1인분'이라고 별도로 표기하고 1인분 분량으로 레시피를 만들었습니다.

### ❸ 재료의 손질은 사진으로 배우기
집밥 요리에 많이 사용되는 채소 기본 썰기 방법은 18~21페이지에 사진으로 상세하게 설명해 두었습니다. 요리에 따라 채소 써는 방법이 달라지는 이유는 모양은 물론이며 맛과 향이 잘 우러나며, 식감도 좋아지기 때문입니다. 익숙하지 않더라도 책의 안내에 따라 채소 썰기를 익혀보세요. 또한, 어렵게 느껴질 수 있는 전복, 꽃게, 새우, 오징어 등의 해산물 손질법에 대해서는 22~27페이지에 상세하게 설명되어 있습니다.

### ❹ 조리를 쉽게 하기 위한 과정 사진 제시
재료 손질은 어떻게 하는지, 양념은 어느 시점에 넣는지 등의 조리 포인트와 글로는 알쏭달쏭한 조리 과정을 한눈에 알아보기 쉬운 사진으로 확인하세요. 요리가 익숙하지 않은 요리 초보도 과정 사진을 보면 레시피 이해가 쉬워져요.

### ❺ 임성근 조리장이 알려주는 알짜 조리 정보
각각의 요리마다 재료의 밑손질이나 조리에 포인트가 되는 임성근 조리장만의 노하우를 일목요연하게 정리했습니다. 같은 음식, 비슷한 조리법이라도 재료의 맛을 살리며 요리의 완성도까지 높이는 생생 정보예요. 요리할 때 꼭 필요한 포인트이니 요리 시작 전에 반드시 읽은 다음 요리를 시작하세요.

### ❻ '양념'이나 '한꿋 양념' 중 하나만 사용
재료의 '양념'이나 '한꿋 양념'은 둘 중 하나만 사용하세요. 제시한 양념 대신 한꿋 양념으로 조리해도 같은 맛이 납니다. 한꿋 양념을 미리 만들어두면 이런저런 양념 재료가 없어도 간단하게 음식의 맛을 낼 수 있습니다. 요리를 쉽고 맛있게 만드는 임성근 조리장의 특별한 비법이 담긴 한꿋 양념은 28~31페이지를 참고하여 만드세요.

### ❼ 한 가지 레시피로 두 가지 요리를 배워요
한 가지 요리법을 활용하여 완전히 다른 요리를 하나 더 만들어볼 수 있는 방법을 알려드립니다. 예를 들면, 간장게장 레시피를 활용하여 간장 새우장을 만들 수 있고, 감조 조림도 간장 양념, 매콤한 양념 두 가지로 만들어 볼 수 있어요.

# CONTENTS

004 프롤로그
006 이 책을 활용하는 방법

## 집밥을 위한 기본 준비

014 갖고 있으면 편리한 조리도구
016 요리 맛 살리는 올바른 계량
018 요리 맛 좌우하는 기본 썰기
022 조리가 쉬워지는 해산물 손질
028 한끗 다른 만능 양념
032 깊은 맛을 내는 기본 밑국물
034 요리 맛 살리는 한끗 다른 조리 비결

## 매일 먹고 싶은 반찬

038 매운 멸치 볶음
　　잔멸치볶음
　　잔멸치 호두 볶음
040 어묵 고추 볶음
041 어묵 매운 볶음
042 오징어 채 볶음
　　오징어 채 무침
044 마른 새우 마늘종 볶음
046 쇠고기 가지 볶음
048 고사리 볶음
　　곤드레 볶음
050 시래기 들깨 된장 볶음
051 얼갈이 된장 볶음
052 오이 볶음
054 오이 미역 초무침
056 오이지 무침
　　오이지
058 아삭이고추 매콤 된장 무침
　　오이 된장 무침
060 가지 무침
　　가지 매콤 무침
062 시금치 무침
　　참나물 무침

|  |  |  |  |
|---|---|---|---|
|  | 취나물 볶음 | 098 | 꽈리고추 양념찜 |
| 064 | 무말랭이 무침 | 100 | 강된장 |
| 066 | 봄동 겉절이 | 102 | 간장 게장 |
| 067 | 도라지 초무침 |  | 간장 새우장 |
| 068 | 오징어 오이 무침 | 104 | 갈치 구이 |
|  | 오징어 채소 초무침 |  | 자반 고등어 구이 |
| 070 | 꽃게 살 무침 |  |  |
|  | 양념 게장 |  |  |
| 072 | 콩나물 매콤 무침 | 106 | **PLUS RECIPE 1** |
|  | 콩나물 무침 |  | 새콤 채소 무침 양념 |
|  | 콩나물 얼큰 조림 |  | 모둠 채소 무침 |
| 074 | 감자 조림 |  | 대파 무침 |
|  | 감자 매콤 조림 |  | 얼갈이 새콤 무침 |
| 076 | 연근 조림 |  |  |
|  | 우엉 조림 | 108 | **PLUS RECIPE 2** |
| 078 | 꽈리고추 곤약 조림 |  | 간장 장아찌 양념 |
| 080 | 두부 조림 |  | 모둠 채소 장아찌 |
| 082 | 두부 엿장 조림 |  | 곰취 장아찌 |
| 084 | 쇠고기 장조림 |  | 토마토 장아찌 |
| 086 | 메추리알 장조림 |  |  |
| 087 | 새송이 간장 절임 | 110 | **PLUS RECIPE 3** |
| 088 | 오징어 꽈리고추 조림 |  | 멸치 고추 볶음 양념 |
| 090 | 갈치 조림 |  | 멸치 고추 깻잎찜 |
| 092 | 코다리 간장 조림 |  |  |
| 094 | 꽁치 엿장 조림 |  |  |
| 096 | 조기 양념 조림 |  |  |

## 밥이 술술 넘어가는 국물 요리

- 114 쇠고기 뭇국
- 116 얼큰 쇠고기 콩나물 뭇국
- 118 북엇국
- 120 얼큰 콩나물국
  - 냉 콩나물국
- 122 얼큰 오징어 콩나물국
- 124 배추 된장국
- 126 바지락 시금치 된장국
- 128 시래기 들깨 해장국
- 130 바지락 된장찌개
  - 차돌 된장찌개
- 132 돼지고기 김치찌개
  - 꽁치 김치찌개
- 134 돼지고기 감자 고추장찌개
- 136 바지락 순두부찌개
- 138 참치 얼큰 찌개
- 140 섞어찌개
- 142 부대찌개
- 144 고등어 시래기찌개
- 146 얼큰 어묵탕
- 148 꽃게탕
- 150 동태탕
- 152 대구 맑은 탕
- 154 알탕
- 156 맑은 두부 알탕
- 158 조기 매운탕
- 160 해물탕
- 162 차돌 육개장
  - 닭개장
- 164 만두 전골
- 166 불낙 전골
- 168 낙지 전골
- 170 궁중 전골

- 172 **PLUS RECIPE 1**
  - 만능 냉국 국물
  - 미역 오이 냉국
  - 가지 냉국
  - 김 냉국
  - 김치말이 국수

- 176 **PLUS RECIPE 2**
  - 만능 국수 국물
  - 냉 우동
  - 유부 우동
  - 잔치국수
  - 어묵탕

## 식탁이 풍성해지는 한 그릇 요리

- 182 얼큰 어묵 덮밥
- 184 국물 떡볶이
- 186 간장 떡볶이(궁중 떡볶이)
- 188 두부김치
- 190 해물 볶음
- 192 해물 볶음 우동
  쇠고기 볶음 우동
- 194 오징어 볶음
  낙지 볶음
- 196 제육 볶음
- 198 불고기
  불고기 채소 비빔밥
- 200 대패 삼겹 파 불고기
- 202 오삼 불고기
- 204 매운 잡채
- 206 해물 잡채
- 208 쇠고기 피망 잡채
- 210 도토리묵 무침
- 212 골뱅이 무침
- 214 쫄면
- 216 열무 비빔국수
- 218 비빔냉면
- 220 광어 회덮밥
- 222 물회
- 224 코다리 양념 구이
- 226 장어 간장 구이
  장어 매콤 구이
- 228 갈비찜
- 230 매운 돼지갈비찜
- 232 돼지고기 들깨 묵은지찜
- 234 찜닭
- 236 닭볶음탕
- 238 코다리찜
- 240 해물찜
- 242 해물 라면
- 244 육개장 라면

- 246 **PLUS RECIPE 1**
  만능 강정 소스
  어육 강정
  두부 강정
  버섯 강정

- 248 **찾아보기**
  가나다 순
  주재료 순
  한끗 양념 순

# 짐방을 위한 기본 준비

책 속 요리를 보다 쉽고 맛있게 조리하기 위한 기본기를 다져볼까요.

요리에 익숙해지기 전까지는 정확한 계량이 중요해요.

계량이나 조리를 잘 하려면 알맞은 도구를 갖추어야 하죠.

재료 손질 방법과 써는 법도 올바르게 알아야 요리가 맛있어 집니다.

맛내기의 기본인 밑국물은 번거롭더라도 꼭 준비하세요.

요리 고수처럼 맛을 낼 수 있는 한끗 양념은 여러분만의 비밀로 간직하세요.

## 갖고 있으면 편리한 조리도구

도구만 잘 활용해도 요리가 훨씬 쉬워지고 요리에 재미까지 붙는다.
편리함은 기본, 요리 맛 살리는 주방의 필수 조리도구.

1 **나무 주걱** 주로 볶음 요리에 사용하는데, 스테인리스 스틸 제품에 비해 팬의 긁힘이 적어 팬의 코팅 막을 보호할 수 있다.
2 **계량스푼** 계량스푼을 사용하여 레시피대로 조리해야 제 맛을 낼 수 있다. 큰술과 작은술이 함께 있는 계량스푼은 가운데 손잡이 부분이 자로 돼 있는 게 더 편리하다. 1큰술=15㎖, 1작은술=5㎖ 분량이다.
3 **계량컵** 많은 분량의 음식이나 국물 요리를 만들 때 필수 아이템. 200㎖(1컵)와 500㎖(2½컵) 두 종류를 구비해 두는 게 편리하다.
4 **조리용 가위** 가위를 잘 사용하면 칼보다 더 편리하게 주방 일을 할 수 있다. 조리용 가위는 가격이 조금 비싸더라도 큼직하고 견고한 것을 골라야 날이 상하지 않아 오래 사용할 수 있다.
5 **계량저울** 계량컵으로 잴 수 없거나 한 줌, 두 줌으로 가늠하기 애매한 식재료는 계량 저울을 이용한다. 특히 전자 저울은 1g의 미세한 단위까지 잴 수 있어 정확한 계량에 용이하다.
6 **필러** 뿌리 채소의 껍질을 쉽게 벗길 수 있는 필러는 채소를 얇게 저며내는 용도나 과일 껍질을 벗기는데도 좋다. 1자 필러와 Y자 필러 두 종류가 있으며 저며내는 용도로는 Y자 필러, 과일 껍질을 벗길 때는 1자 필러가 편리하다.

7 **실리콘 주걱** 스테인리스 주걱은 팬이나 냄비의 코팅이 벗겨질 우려가 있고, 플라스틱 주걱은 열에 약하다. 실리콘 주걱은 열에 강하고 부드러워 안심하고 사용할 수 있어 볶음이나 조림, 국물 요리에 두루 사용할 수 있다. 크기별로 구비해 두면 더 좋다.

8 **체** 건더기를 건질 때나 국물을 거를 때, 가루 재료를 곱게 체에 내릴 때, 국물에 된장을 풀 때 등 조리 과정 전반에서 유용하게 활용된다. 크기별로 구비해 두는 게 좋다.

9 **강판** 감자를 갈아서 부침개를 할 때, 불고기 양념에 넣을 배나 키위 등의 과일을 갈 때, 혹은 재료를 갈아 즙을 낼 때 등 강판을 사용할 일이 많다. 생강이나 마늘은 큰 강판보다 작은 강판이 한결 편리하다.

10 **조리용 집게** 고기나 생선을 구울 때 주로 사용하는 조리용 집게는 삶거나 찐 뜨거운 음식을 건질 때 젓가락보다 유용하고 샐러드 서버로 사용해도 좋다. 구입할 때는 열전도율이 낮은 것을 고른다.

11 **채칼** 칼질이 서툴러 채를 써는 게 쉽지 않을 때는 채칼을 사용하는 게 좋다. 채칼은 일정한 굵기로 채를 썰 수 있어 모양을 내야하는 요리에는 채칼을 사용한다. 굵기와 두께를 다양하게 조절할 수 있는 채칼을 선택한다.

## 요리 맛 살리는 올바른 계량

요리를 할 때마다 늘 같은 맛을 내기 위해서는 재료와 양념의 계량이 중요하다. 계량컵과 계량스푼의 올바른 사용법과 이 책의 기준이 된 채소 1개의 크기와 1줌의 양을 소개한다.

### 계량스푼 & 계량컵의 올바른 사용법

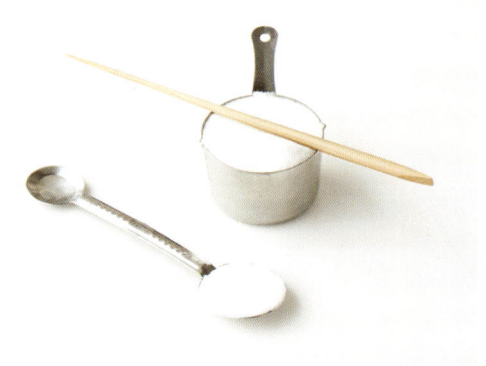

**가루 양념** 소금이나 설탕 등의 가루 양념은 계량스푼이나 계량컵에 꾹꾹 누르지 말고 가득 담은 다음 윗부분을 젓가락으로 편편하게 깎아낸다.

**액체 양념** 간장이나 육수, 물 등의 액체류를 계량할 때는 계량스푼이나 계량컵을 기울기가 없는 평평한 곳에 두고 넘치지 않게 찰랑거릴 정도로 담는다.

**다진 양념** 양파나 대파, 마늘 등 다진 양념은 계량스푼이나 계량컵 위로 소복하게 올라오지 않고 가장자리에 도톰하게 올라올 정도로만 담는다.

**장류** 고추장이나 된장 등의 장류나 소스류는 계량스푼이나 계량컵에 담은 뒤 젓가락으로 깎아내거나 가장자리 위로 올라오지 않게 담는다.

## 이 책에 사용한 채소 1개의 크기

감자 1개 손에 가볍게 쥐어질 정도 크기

양파 1개 한 손에 쥐어지는 동그란 크기

당근 1개 약 12~14cm 길이

애호박 1개 약 15~18cm 길이

무 1개 약 1.2kg
(손에 쥐어질 굵기의 약 24cm 길이)

생강 1쪽 밤 1개 크기

## 이 책에 사용한 재료 1줌의 분량

콩나물(또는 숙주) 1줌 약 100g

부추 1줌 약 90g

미나리 1줌 12~15줄기(약 50g)

느타리버섯 1줌 약 70g

당면 1줌 100~110g

소면 1줌 80~90g

## 요리 맛 좌우하는 기본 썰기

요리의 종류나 조리법에 어울리는 재료 썰기가 따로 있다. 또 재료를 어떻게 써는가에 따라 요리의 맛과 모양이 훨씬 좋아진다. 요리의 완성도를 높이는 기본 썰기를 익혀보자.

**반달썰기** 당근, 애호박 등 둥근 모양의 채소를 반달 모양으로 써는 방법. 채소를 길게 반 가른 뒤 둥근 면을 위로 두고 원하는 두께로 썬다.

**은행잎썰기** 애호박, 당근, 감자 등 둥근 채소를 은행잎 모양으로 써는 방법. 채소를 길게 세로로 반 자르고 다시 세로로 반 자른 뒤 원하는 두께로 썬다.

**깍둑썰기** 무, 감자, 당근, 두부 등을 주사위 모양으로 써는 방법. 둥근 채소를 원하는 두께로 토막내고 둥근면을 잘라 네모지게 만든 뒤 직사각형으로 썬 다음 정사각형이 되게 다시 가로로 썬다.

**삼각썰기** 찜이나 조림 시 오이, 호박, 당근 등 길쭉한 채소의 씹는 맛을 살리고 싶을 때 모양내서 써는 방법이다. 채소를 길게 반 가른 뒤 둥근 면을 위로 두고 삼각형 모양이 되게 썬다.

**나박썰기** 무나 감자 등을 직사각형 또는 정사각형으로 얇게 써는 방법. 채소를 원하는 길이로 토막낸 뒤 반 가르고 원하는 두께로 얇게 썬다. 주로 쇠고기 뭇국을 끓일 때 무를 써는 방법이다.

**어슷썰기 1** 긴 타원형이나 반 타원형으로 써는 방법. 사진의 고추처럼 타원형으로 썰 때는 칼의 각도를 비스듬히 두고 썰고, 당근처럼 반 타원형으로 썰 때는 채소를 반 가른 뒤 칼을 비스듬히 두고 썬다.

**어슷썰기 2** 애호박이나 오이, 가지 등 가운데 씨가 길게 있는 채소의 씨를 도려내고 어슷써는 방법. 채소를 길게 반 가르고 다시 반 자른 뒤 가운데 씨를 잘라낸 다음 칼을 비스듬히 두고 원하는 두께로 썬다.

 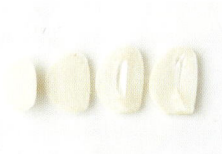  

**편썰기** 마늘이나 생강의 모양을 살려 얇게 썰거나 당근이나 무, 감자 등을 원하는 크기대로 얇게 저며 써는 방법. 마늘이나 생강은 모양 그대로 저며 썰며, 큰 채소는 원하는 길이로 자른 뒤 저며 썬다.

**비껴썰기** 주로 배춧잎의 두툼한 줄기를 얇게 어슷 써는 방법. 칼을 비스듬히 뉘어 배춧잎 줄기에 칼집을 넣듯이 써는데, 칼을 잡은 반대 손은 배춧잎 줄기를 살짝 눌러가며 썬다.

**돌려깎기** 오이나 애호박 등 가운데 씨가 길게 있는 채소를 살만 얇게 써는 방법.
채소를 원하는 길이로 토막내고 칼을 뉘어 길게 칼집을 넣고 과일의 껍질을 깎듯이 칼을 돌려가며 살을 얇게 깎는다.

**채썰기** 당근, 감자, 무 등을 가늘고 긴 막대 모양으로 써는 방법. 채소를 원하는 길이로 토막낸 뒤 얇게 편 썰기하고 옆으로 차곡차곡 일정하게 쌓은 뒤 가늘게 썬다. 양파는 살이 겹겹이 되어 있어 세로로 반 자른 뒤 편으로 썰기만 해도 채가 된다.

**고추 채썰기** 반 갈라 가운데 씨를 빼고 원하는 길이대로 가늘게 썬다. 고추를 채 썰 때는 표면을 바닥에 두고 썰어야 미끄러지지 않고 잘 썰린다. 피망이나 파프리카도 고추와 같은 방법으로 채를 썬다.

**대파 채썰기** 대파를 원하는 길이대로 토막낸 뒤 흰 부분은 반 갈라 가운데 굵은 심을 빼서 길이대로 가늘게 썰고, 푸른 부분은 심이 없으므로 그대로 가늘게 썬다.

**송송썰기** 대파나 고추의 둥근 모양을 살려 얇게 써는 방법. 고추나 대파를 가로로 써는데, 두께는 보통 0.2㎝ 정도로 얇게 썬다.

**양파 다지기** 양파를 아주 작게 써는 방법으로, 양파를 세로로 반 잘라 둥근 면을 위로 둔 뒤 끝 부분 1cm 정도 남기로 세로로 가늘게 채를 썰어 모양이 흐트러지지 않게 한 다음 가로로 가늘게 썬다.

**대파 다지기** 주로 양념을 만들 때 사용하는데 흰 부분을 아주 잘게 써는 방법이다. 칼끝으로 대파 흰 부분에 두서없이 칼집을 넣고 칼집 넣은 부분을 가로로 잘게 썬다.

**고추 다지기** 양념을 만들 때 주로 사용한다. 고추 끝부분을 0.5cm 정도 남기고 세로로 열십자(+)로 썬 뒤 각각의 조각을 다시 한 번 세로로 가른 다음 가로로 잘게 썬다.

**즙내기** 주로 불고기 양념을 만들 때 양파와 배 등의 즙을 양념에 사용한다. 채소나 과일의 껍질을 벗기고 가운데 씨가 있으면 도려낸 뒤 강판에 곱게 갈고 면포나 베보자기에 싸서 꾹 눌러 즙을 짠다.

**생강 즙내기** 고기의 잡내나 생선의 비린내를 없앨 때 주로 생강의 즙을 사용한다. 껍질 벗긴 생강을 강판에 갈아 즙을 낸 뒤 면포에 싸서 꾹 눌러 즙을 짠다. 생강술이 필요하면 생강을 강판에 갈고 청주를 부어 생강의 맛과 향을 우린 뒤 체에 거른다.

# 조리가 쉬워지는 해산물 손질

꽃게, 전복, 새우, 낙지, 생선 등의 해산물은 손질을 제대로 해야 비린 맛이 없고 잡티도 없앨 수 있다.
초보 요리자도 쉽게 따라할 수 있게 해산물 손질하는 방법을 소개한다.

## 전복

1 조리용 솔로 구석구석 문질러 닦는다.

2 맑은 물에 깨끗이 씻는다.

3 살과 껍데기 사이에 숟가락을 넣고 빙 둘러가며 살과 껍데기를 분리한다.

4 손으로 껍데기에서 살을 떼어낸다.

5 살에 붙은 내장을 가위로 잘라낸다.

6 끝부분의 이빨을 손으로 잡아 뺀다.

7 끝부분 입을 가위로 자른다.

8 완성.

- 전복죽을 끓일 때는 내장까지 넣으면 맛과 영양이 더 좋아지니 싱싱한 전복 내장은 버리지 말고 냉동 보관한다.

## 꽃게

1 조리용 솔로 구석구석을 문지르고 흐르는 물에 헹군다.

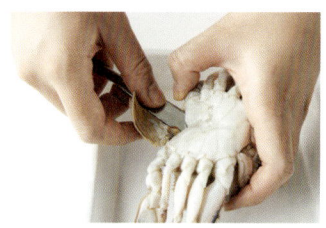
2 배 쪽의 딱지를 손으로 들어올린다.

3 들어 올린 딱지와 살 사이에 숟가락 손잡이를 끼워 넣는다.

4 숟가락을 젖혀 등딱지를 벌린다.

5 손으로 등딱지를 뗀다.

6 숟가락으로 살에 붙은 아가미를 긁어 뗀다.

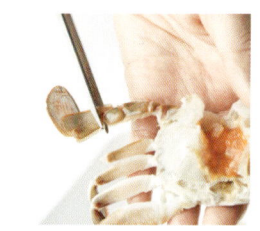
7 다리 끝 한 마디를 가위로 잘라낸다.

8 몸통을 가위로 반 자른다.

9 등딱지에 붙은 배 쪽의 딱지를 뗀다.

10 등딱지 안쪽의 모래주머니를 뗀다.

11 완성.

## 오징어

**몸통을 통으로 사용할 경우**
1 다리를 잡아당겨 내장을 뺀다.

2 몸통 속에 손을 넣어 몸통 안쪽에 붙은 뼈를 떼어 낸다.

3 가위로 다리에 붙은 내장을 잘라낸다.

**몸통을 갈라서 사용할 경우**
1 가위나 칼로 몸통을 반 가른다.

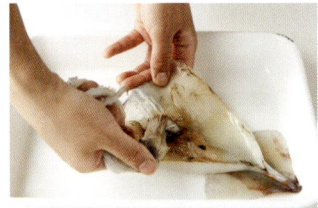

2 다리를 잡아당겨 내장과 뼈를 떼어 낸다.

3 가위로 다리에 붙은 내장을 잘라낸다.

4 눈과 눈 사이에 칼집을 깊게 넣는다.

5 칼집 넣은 사이를 벌려 안쪽으로 눈을 뺀다.

6 다리 안쪽의 입을 두 손으로 꾹 눌러 뺀다.

7 다리를 한 개씩 손으로 훑어 빨판을 긁어낸다.

8 키친타월로 몸통의 껍질을 벗긴다.

9 완성.

## 새우

1 옅은 소금물에 흔들어 씻고 체에 밭쳐 물기를 뺀다.

2 가위로 긴 수염을 자른다.

3 머리 위쪽 뾰족한 뿔을 자른다.

4 다리 쪽에서 껍질을 들어 벗긴다.

5 머리를 뗀다.

5-1 머리까지 사용할 때는 머리를 눌러 머리 속의 내장을 뺀다.

6 꼬리를 떼고 등 쪽에 이쑤시개를 찔러 넣어 내장을 뺀다.

7 완성.

- 머리와 꼬리를 떼지 않을 때는 머리와 꼬리 각각 한 마디의 껍질은 벗기지 않고 가운데 껍질만 벗긴다. 조리 후 머리와 꼬리가 떨어지지 않으면서 먹기도 훨씬 편하다.

## 낙지

• 낙지는 소금을 넣어 주물러 씻으면 삼투압 작용으로 살이 탱글탱글해진다.

1 몸통을 뒤집는다.

2 몸통 안쪽에 붙은 내장을 깨끗이 떼어낸다.

3 흐르는 물에 낙지를 가볍게 헹구고 볼에 담은 뒤 소금과 밀가루를 넣는다.

4 손에 힘을 줘가며 낙지를 바락바락 주물러 이물질을 뺀다.

5 맑은 물에 낙지를 헹군다.

6 완성.

## 생선

1 무를 한 조각 잘라 생선 비늘을 말끔히 긁어낸다(무가 없을 때는 당근으로 대신하고 채소가 없을 때는 칼로 긁는다).

2 아가미 옆과 배 쪽의 지느러미를 가위로 자른다.

3 살이 다치지 않게 등 쪽의 지느러미와 꼬리를 잘라낸다.

4 완성.

• 무로 생선 비늘을 벗기면 비늘이 튀지 않는다.

## 조개

1 조개에 소금을 1큰술 정도 넣는다.

2 손으로 바락바락 주물러 조개의 이물질을 제거한다.

3 맑은 물에 헹군다.

4 볼에 조개를 담고 조개가 충분히 잠길 정도로 물을 부은 뒤 소금을 1큰술 정도 넣어 녹인다.

5 ④의 볼에 냄비 뚜껑이나 쿠킹 포일을 덮고 어두운 곳에 둬 해감을 토하게 한다.

6 흐르는 물에 헹군다.

6 완성.

- 정보의 전달을 위하여 사진에서는 유리볼을 사용하였지만 조개 해감 시에는 빛이 통하지 않는 그릇을 사용하는 게 효과적이다.

## 한끗 다른 만능 양념

잘 만든 양념장 하나만 있으면 요리는 생각보다 쉽고 맛있어진다. 양념은 배합 비율에 따라 맛이 달라지기 때문에 요리에 익숙하지 않은 사람들은 제맛 내기가 쉽지 않다. 여러 가지 양념 필요 없이 반찬부터 일품, 국물까지 다양하게 활용할 수 있는 임성근 조리장만의 한끗 다른 만능 양념을 소개한다.

## 만능 간장

사과와 양파, 감초 등 천연의 단맛이 은은하게 밴 향긋한 간장. 조청 대신 황물엿을 사용해도 돼요.

●총량 1ℓ ●보관 냉장 2개월
**재료** 사과·양파 ½개씩, 레몬 ¼개, 마른 표고버섯·통후추·감초 5개씩, 다시마(사방 20㎝) 1장, 마늘 10쪽, 생강 2쪽, 조청·황설탕 1컵씩, 간장·물 2컵씩

1. 사과는 씨를 빼서 4등분하고, 양파는 가늘게 채 썬다.
2. 냄비에 양파와 다시마를 넣고 간장과 물, 조청을 넣어 잘 섞이도록 저은 다음 센 불에서 끓인다.
3. ②가 끓으면 나머지 재료를 모두 넣어 센 불에서 끓인다.
4. 국물이 팔팔 끓으면 불을 약하게 줄여 15분간 푹 끓이고 불을 끈다.
5. ④의 만능 간장을 한 김 식혀 고운 체에 거르고 유리병에 담아 냉장 보관한다.

## 만능 맛가루

다른 양념을 넣지 않아도 요리 맛을 내기 쉬운 마법의 가루로 감칠맛을 내는 여러 가지를 섞어 만듭니다. 얼큰한 맛을 내는 요리에 활용하기 좋아요.

●총량 6컵 ●보관 실온 6개월
**재료** 고춧가루 400g, 치킨 스톡 160g, 구운 소금 140g, 쇠고기 가루 80g, 무 가루·양파 가루 60g씩, 마늘 가루 50g, 표고버섯 가루 40g, 후춧가루 20g, 생강 가루 10g

1. 볼에 준비한 재료를 모두 담아 잘 섞은 뒤 밀폐력이 좋은 병에 넣어 보관한다.

**TIP** 가루 재료는 모두 마트에서 구입 가능하다. 각각의 가루를 집에서 만들고 싶다면 재료를 얇게 썰어서 채반에 놓고 바람과 햇빛이 잘 드는 곳이나 건조기에서 바짝 말린 뒤 분쇄기에 곱게 간다.

## 만능 나물 무침용 된장

봄의 싱싱한 나물부터 말린 나물까지 이 양념만 넣으면 간단하게 나물 무침을 완성할 수 있죠. 데친 나물 200g에 만능 된장 2큰술을 넣어 무치고 마지막에 참기름만 넣으세요.

●총량 2½컵 ●보관 냉장 3개월
**재료** 재래 된장 200g, 생수 80g, 다진 마늘 60g, 고추장·물엿 50g씩, 고춧가루 15g, 멸치 가루 10g

1. 준비한 재료를 모두 잘 섞고 밀폐용기에 담아 냉장 보관한다.

**TIP** 멸치 가루는 중멸치의 머리와 내장을 떼고 팬에 넣어 센 불에서 3분 정도 수분 없이 바삭하게 볶은 뒤 한 김 식혀 분쇄기에 곱게 갈아 만든다.

## 만능 국물용 된장

된장찌개나 강된장을 끓일 때 일반 된장을 사용하는 것보다 만능 국물용 된장을 넣으면 감칠맛이 훨씬 좋아져요. 된장을 넣은 볶음이나 조림 요리를 할 때 사용해도 좋고요.

●총량 4½컵 ●보관 냉장 10일
**재료** 다진 쇠고기 200g, 무 150g, 사과·양파 ½개씩, 된장 2컵, 고추장·청주 4큰술씩, 표고버섯 가루·멸치 가루 2큰술씩, 다진 마늘 1큰술

1. 사과와 양파, 무는 듬성듬성 썰어 믹서에 곱게 간다.
2. 볼에 된장과 고추장을 넣어 섞는다.
3. 냄비에 ①을 넣어 센 불에서 저어가며 끓이다가 바글바글 끓으면 다진 쇠고기와 청주를 넣고 쇠고기를 풀어가며 익을 때까지 끓인 뒤 다진 마늘을 넣어 섞고 불을 끈다.
4. ③에 ②의 장과 표고버섯 가루, 멸치 가루를 넣어 섞는다.

## 만능 차돌박이 고추기름

순두부찌개, 닭개장, 육개장 같은 얼큰한 국물 요리의 감칠맛을 살려줘요. 부대찌개나 각종 생선찌개의 양념으로도 잘 어울리고 채소나 고기, 해물이 들어간 얼큰한 라면을 끓일 때 라면 수프 대신 넣으면 한결 깊은 맛을 냅니다.

● **총량** 3컵　● **보관** 냉장 3개월

**재료** 다진 차돌박이 200g, 고운 고춧가루 1½컵,
다진 마늘·간장·고추기름·식용유 3큰술씩,
소금 2큰술, 참기름 1큰술,
다진 생강·후춧가루 ½큰술씩

1. 깊이가 있는 팬에 식용유와 고추기름, 참기름을 넣어 섞고 차돌박이를 넣어 5분 정도 센 불에서 볶는다.
2. 차돌박이에서 기름이 나오면 간장을 팬 가장자리에 둘러 넣어 풍미를 낸 다음 고춧가루를 제외한 나머지 양념을 모두 넣고 1분 정도 볶는다.
3. 불을 끈 뒤 고춧가루를 넣고 잘 섞어 만능 차돌박이 고추기름을 완성한다.

---

## 만능 나물 무침 양념

간장 양념으로 나물을 무칠 때 활용하세요. 나물 500g에 만능 나물 무침 양념 20g, 다진 마늘 1작은술을 넣어 무치고 마지막에 참기름 넣어 가볍게 버무리세요.

● **총량** 2컵　● **보관** 냉장 2개월

**재료** 대파 1대, 국물용 멸치 10마리, 간장 250g,
물 200g, 다진 쇠고기·소금 50g씩

1. 대파는 송송 썬다.
2. 국물용 멸치는 머리와 내장을 떼고 냄비에 넣어 센 불에서 살짝 볶고, 나머지 재료를 넣어 섞은 뒤 10분 정도 끓인다.
3. 멸치를 건져내고 한 김 식힌 뒤 밀폐력이 좋은 병에 담아 냉장 보관한다.

## 만능 초무침 양념

오징어 채소 무침이나 오이 무침, 골뱅이 무침, 쫄면, 비빔국수 등 새콤달콤 매콤한 맛을 내는 각종 초무침에 활용하세요.

● **총량** 2½컵　● **보관** 냉장 2개월

**재료** 청양고추 4개, 고추장 140g, 사과 식초 100g,
설탕 80g, 굵은 고춧가루·물엿 40g씩, 꿀 30g,
고운 고춧가루 20g, 소금 10g

1. 청양고추는 믹서에 곱게 갈거나 곱게 다진 뒤 볼에 담고 나머지 재료를 모두 넣어 골고루 잘 섞어 밀폐력이 좋은 병에 담아 냉장 보관한다.

# 깊은 맛을 내는 기본 밑국물

국이나 찌개, 전골 등의 국물 요리를 할 때 밑국물을 사용하면 맹물을 사용할 때보다 요리의 맛이 훨씬 풍부해진다. 국물 요리 뿐 아니라 각종 조림이나 볶음에도 활용할 수 있는 임성근 조리장의 감칠맛 좋은 밑국물 만드는 방법을 소개한다. 냉장고에 늘 구비해두고 적재적소에 활용해보자.

쇠고기육수

멸치 국물

표고다시마국물

## 쇠고기 육수

국이나 찌개, 전골 등의 밑국물로 사용하고, 차게 식혀 두었다가 냉면 국물로 사용해도 좋아요. 쇠고기와 멸치는 맛의 궁합이 잘 맞아 음식에 깊은 맛을 살립니다.

● 총량 2ℓ  ● 보관 냉장 1주일
**재료** 쇠고기(양지머리) 600g, 국물용 멸치 2줌(30마리), 무 ¼개, 양파 1개, 대파 1대, 마늘 15개, 생강 1쪽, 물 4ℓ

1. 쇠고기는 찬물에 담가 30분 정도 핏물을 뺀다.
2. 국물용 멸치는 머리와 내장을 떼고 팬에서 수분 없이 바삭하게 볶은 뒤 다시백에 넣는다.
3. 무는 가로로 2~3등분하고, 생강은 편으로 썬다.
4. 대파는 뿌리까지, 양파는 껍질째 깨끗이 씻어 반 자른다.
5. 모든 채소는 석쇠에 올려 타지 않게 살짝 굽는다.
6. 냄비에 물을 붓고 쇠고기를 넣어 센불에서 끓이다가 국물이 끓으면 중불로 줄여 50분 정도 끓인다.
7. ⑥에 구운 채소를 모두 넣고 20분 정도 끓이다가 ②의 멸치를 넣고 20분 더 끓인 뒤 불을 끄고 한 김 식힌 뒤 병에 담아 냉장 보관한다.

**TIP** 채소는 국물을 우리기 전에 석쇠에 올려 구우면 쓴맛은 사라지고 단맛이 우러나 국물 맛이 훨씬 좋아지며 국물도 빨리 우러나요. 특히 여름 무는 쓴맛이 많으니 꼭 구워서 국물을 내세요.

## 멸치 국물

된장찌개나 김치찌개, 잔치국수는 물론 떡볶이를 만들 때 물 대신 넣으세요. 김치볶음이나 묵은지찜에 넣으면 김치가 한결 부드럽고 맛있어지죠. 덮밥에 활용해도 좋아요.

● 총량 2ℓ  ● 보관 냉장 1주일
**재료** 국물용 멸치 3줌(45마리), 디포리 10마리, 다시마(10cm) 2장, 양파 1개, 대파 1대, 마른 고추 3개, 마늘 10개, 생강 1쪽, 소주 1컵, 물 3ℓ

1. 양파는 껍질째 깨끗이 씻어 반 자르고, 대파는 뿌리까지 깨끗이 씻어 반 자른다. 생강은 편으로 썬다.
2. 양파와 대파, 마늘, 생강은 석쇠에 올려 타지 않을 정도로 살짝 굽는다.
3. 멸치는 머리와 내장을 떼고 디포리와 함께 큼직한 냄비에 넣어 노릇해질 때까지 볶는다.
4. ③에 물과 소주를 붓고 나머지 재료를 모두 넣어 센 불에서 끓인다.
5. 국물이 끓으면 다시마는 건지고 중불로 줄여 15분 정도 끓인 뒤 면포에 걸러 맑은 국물만 받고 한 김 식혀 병에 담아 냉장 보관한다.

## 표고 다시마 국물

가볍고 깔끔한 맛의 국물 요리를 할 때 잘 어울리는 밑국물이에요. 냉국이나 김치말이 국수 등 차게 먹는 국물요리를 만들 때는 비린 맛이 전혀 없는 표고 다시마 국물이 잘 어울리죠.

● 총량 2ℓ  ● 보관 냉장 1주일
**재료** 마른 표고버섯 7개, 다시마(10cm) 2장, 양파 1개, 물 2ℓ

1. 다시마는 젖은 행주로 흰 가루를 털고, 양파는 껍질째 깨끗이 씻어 열십자(+)로 4등분한다.
2. 볼에 물을 붓고 마른 표고버섯과 다시마, 양파를 넣고 12시간 정도 국물을 우린다.
3. 냄비에 ②를 붓고 센 불에 올려 국물이 끓으면 바로 불을 끈다.
4. ③을 체에 거르고 한 김 식힌 뒤 병에 담아 냉장 보관한다.

## 요리 맛 살리는 한끗 다른 조리 비결

음식에 깊은 맛을 내는 것은 정말 한끗 차이다. 요리가 재미있어지고 음식은 더 맛있어지는 임성근 조리장만의 한끗 다른 조리 노하우를 기억하자.

### 01
### 소면을 헹굴 때 식초를 넣어요
소면은 삶은 뒤 찬물에 비벼가며 헹궈 전분기를 빼야 깔끔하죠. 이때 찬물에 식초를 1작은술 정도 넣어 헹구면 소면이 한결 쫄깃해집니다.

### 02
### 배즙은 넉넉히 만들어두세요
배즙을 만드는 건 간단하지만 배즙 2~3큰술을 만들기 위해 비싼 배를 사는 게 부담스러워 배즙을 빼거나 배즙 대신 다른 건 없을까 고민이 되기도 하죠. 하지만 양념에 배즙을 넣어 은은하게 단맛을 내면 음식의 풍미가 한결 좋아지죠. 배즙을 넉넉히 만들어 보관해두고 사용하면 요긴해요. 배 2개를 준비해서 껍질을 벗긴 뒤 강판에 갈아 소금 1작은술을 넣고 센 불에서 5분 정도 끓인 다음 한 김 식혀 면포에 싸서 국물을 꼭 짭니다. 열탕소독한 병에 담아 냉장 보관하면 1달 정도 두고 먹을 수 있어요. 끓일 때 소금을 넣으면 단맛이 상승하고 보관 기간도 길어져요.

### 03
### 생채에는 대파보다 쪽파가 잘 어울려요
대파는 매운 맛이 많고 쪽파는 대파에 비해 매운 맛이 덜하며 부드러워 겉절이나 생채를 만들 때는 대파보다 쪽파가 맛이 조화롭게 잘 어울려요.

### 04
### 고사리는 쌀뜨물에 불려요
마른 고사리는 불린 뒤 삶아서 조리해야 부드러워요. 불릴 때는 맹물 대신 쌀뜨물을 사용하면 쌀뜨물의 전분기가 고사리의 독성분을 제거하고 더 부드럽게 만들며 특유의 비린 맛을 없앱니다.

### 05
### 멸치는 20분 이상 끓이지 마세요
멸치로 밑국물을 낼 때는 오래 끓이면 쓴맛과 텁텁한 맛이 나고 멸치의 시원하고 구수한 감칠맛이 사라지니 20분 이상 끓이지 마세요. 그리고 소주를 약간 넣으면 멸치의 비린 맛을 없앨 수 있습니다. 멸치를 볶다가 국물을 부어 끓여야 국물이 잘 우러나므로 멸치는 꼭 볶으세요.

### 06
### 북어는 구워서 국을 끓이세요
북엇국을 끓일 때 북어 채를 사용하는 것보다 북어포를 사용하는 게 한결 구수해요. 또 북어를 구워서 끓이면 북어의 비린 맛은 없어지고 구수한 맛은 한층 살아나죠. 손질한 북어를 석쇠에 올려 앞뒤를 각각 1분씩 타지 않게 구우세요.

## 07
### 생선을 구울 때는 팬을 충분히 달궈요

생선을 구울 때 팬이 달궈지지 않은 채로 구우면 팬에 생선이 달라붙어요. 팬에 식용유를 두르고 팬과 식용유가 충분히 달궈진 다음 생선을 올려 구워야 합니다. 팬을 이리저리 기울였을때 식용유가 물처럼 잘 흐르면 식용유에 열이 충분히 오른 겁니다.

## 08
### 생선을 구울 때 향채와 함께 구워요

생선은 잘못 구우면 비린내가 심하죠. 비린내 없이 생선을 구우려면 향채를 밑에 깔고 구우면 돼요. 팬에 식용유를 두르고 센 불에서 대파와 마늘, 생강을 올려 굽다가 향채의 향이 올라오면 생선을 그 위에 올려 구워요.

## 09
### 생선은 뚜껑을 열고 조려요

생선을 조릴 때 뚜껑을 닫은 채로 조리면 비린내가 날 수 있으니 조림 국물이 끓기 시작하면 뚜껑을 열거나 처음부터 뚜껑을 연 채로 조리세요.

## 10
### 해산물은 오래 볶으면 질겨요

해산물은 오래 볶으면 조직이 단단해져 먹을때 질겨요. 해산물을 볶을 때는 익으면 바로 불을 꺼야 부드럽게 먹을 수 있어요. 채소와 함께 볶을 때는 채소를 먼저 볶다가 해산물을 넣으세요.

## 11
### 쇠고기 육수를 낼 때 멸치를 넣어요

쇠고기 육수는 국물 요리나 조림 양념 등에 두루 사용하죠. 쇠고기 육수를 낼 때 멸치, 디포리, 바지락 등을 넣으면 감칠맛이 2~3배는 상승하죠. 쇠고기 육수를 만들때 향채와 함께 멸치나 디포리를 볶아 넣거나 조개를 함께 넣어 끓이세요.

## 12
### 쇠고기의 핏물을 뺄 때 설탕을 넣어요

장조림을 만들거나 육개장 같은 국을 끓일 때 우선 쇠고기의 핏물을 빼야 하죠. 핏물을 뺄 때 설탕을 넣으면 맹물에 담갔을 때보다 핏물이 잘 빠지고 연육 작용으로 고기도 부드러워져요.

## 13
### 고기를 참기름에 볶아 누린내를 없애요

돼지갈비찜, 찜닭, 닭볶음탕 등의 요리는 잘못하면 고기 특유의 누린내나 비린내가 나는 경우가 종종 있어요. 이럴 때는 참기름을 활용하세요. 돼지고기나 닭고기를 양념에 조리하기 전에 끓는 물에 살짝 삶아 참기름에 볶으면 특유의 누린내를 없앨 수 있어요.

## 14
### 고기가 익기 전에 양념을 하면 고기가 질겨요

장조림이나 갈비찜 등 고기를 조릴 때 고기가 익기 전에 소금이나 간장을 넣으면 고기에 염분이 들어가면서 육질이 질겨지고 퍽퍽해져요. 고기가 익은 다음에 양념을 하세요.

매일
먹고 싶은
반찬

매일 먹어도 한결같이 맛있는 밑반찬 만들기 어렵지 않아요.

두고 먹기 좋은 마른 반찬, 입맛 돋우는 새콤달콤한 무침 반찬,

다양한 재료로 만들 수 있는 볶음 반찬, 때로는 짭조름하게 때로는 매콤하게

즐기는 조림 반찬, 밥도둑 게장과 밥 친구 생선 구이, 입맛 없을 때는 장아찌.

잔멸치 볶음과 만드는 방법은 같으며 잔멸치를 볶을 때 호두를 함께 볶으세요. 호두는 ⅔컵 준비해서 반쪽씩 자른 뒤 끓는 물에 소금을 약간 넣어 30초 정도 데치고 찬물에 헹군 다음 기름 없는 팬에 볶아내세요. 그래야 떫은맛이 없어지고 고소하고 바삭한 맛을 살릴 수 있습니다. 기호에 따라 호두 대신 아몬드나 땅콩을 넣어도 되고요.

매운 멸치 볶음

잔멸치 호두 볶음

잔멸치 볶음

## 매운 멸치 볶음

**재료**
중멸치 … 2컵
식용유 … 4큰술
참기름 … 2큰술
통깨 … 1큰술
**양념** 맛술·물 3큰술씩,
고추장·물엿 2큰술씩,
다진 마늘 1큰술, 설탕 ½큰술

**한꿋 양념** 만능 맛가루 6큰술,
물 4큰술, 물엿 2큰술

1. 멸치는 기름이 없는 팬에서 센 불로 1분 정도 볶은 뒤 불을 끄고 잔열로 30초 정도 볶은 다음 덜어낸다.
2. ①의 팬에 식용유를 둘러 달구고 ①의 멸치를 넣어 센 불에서 바삭하게 2~3분 정도 볶은 뒤 덜어낸다.
3. ②의 팬에 양념을 넣어 저으면서 바글바글 끓기 시작하면 ②의 멸치를 넣어 잘 섞으면서 볶다가 멸치에 양념이 골고루 묻고 양념 국물의 잔거품이 커지기 시작하면 참기름을 둘러 섞은 뒤 불을 끄고 통깨를 넣어 섞는다.
4. 멸치 볶음을 넓은 쟁반에 펼쳐서 식힌 뒤 밀폐용기에 담는다.

## 잔멸치 볶음

**재료**
잔멸치 … 2컵
식용유 … 4큰술
참기름 … 2큰술
통깨 … 1큰술
**양념** 맛술 3큰술, 간장·물엿 2큰술씩,
설탕·다진 마늘 1큰술씩

**한꿋 양념** 만능 간장 5큰술

1. 잔멸치는 체에 담아 쳐서 가루를 털고 기름이 없는 팬에서 센 불로 1분, 불을 끄고 잔열로 30초 정도 볶아 덜어낸다.
2. ①의 팬에 남은 가루를 털고 식용유를 둘러 달군 뒤 센 불에서 ①의 잔멸치를 넣어 노릇하고 바삭하게 볶아 덜어낸다.
3. 팬에 양념을 넣고 끓으면 바로 볶은 잔멸치를 넣어 볶다가 양념이 끓으면서 잔거품이 커지기 시작하면 참기름을 둘러 섞은 뒤 불을 끄고 통깨를 넣어 섞는다.
4. 잔멸치 볶음을 넓은 쟁반에 펼쳐서 식힌 뒤 밀폐용기에 담는다.

 **임성근의 한꿋!**

- 중멸치의 크기가 클 경우에는 번거롭더라도 머리와 내장을 제거해야 씁쓸한 맛이 없어져요.
- 잔멸치는 가루를 털어내지 않으면 볶을 때 가루가 쉽게 타고 완성 후에도 깔끔하지 않아요.
- 멸치는 기름 없이 팬에 먼저 볶아내면 비릿한 맛이 없어지고 바삭함이 훨씬 좋아져요.

# 어묵 고추 볶음

**재료**
사각 어묵 … 3장
홍고추·풋고추 … 2개씩
식용유 … 3큰술
참기름 … 2큰술
통깨 … 1큰술
**양념** 간장·맛술 3큰술씩, 물엿 2큰술,
청주·다진 마늘 1큰술씩, 후춧가루 약간

**한꿋 양념** 만능 간장 4큰술

1. 어묵은 가로 폭대로 가늘게 채 썰어 끓는 물에 5초 정도 데치거나 체에 담아 뜨거운 물을 끼얹어 어묵 특유의 잡내와 기름기를 제거한다.
2. 고추는 반 갈라 가늘게 채 썬다.
3. 분량의 양념 재료는 골고루 섞는다.
4. 팬에 식용유를 둘러 달군 뒤 센 불에서 어묵을 볶다가 어묵의 고소한 향이 올라오면 고추를 넣어 30초 정도 볶는다.
5. ④에 ③의 양념을 넣고 골고루 섞어 볶다가 양념이 바특해지면 참기름을 두르고 불을 끈 뒤 통깨를 뿌린다.

 **임성근의 한꿋!**

- 어묵은 끓는 물에 데쳐야 기름기와 잡내가 제거돼 요리가 한결 맛있어요. 데치는 과정이 없으면 볶은 후 어묵이 뻣뻣해질 수 있고, 또 오래 데치면 어묵이 퍼져 쫄깃한 맛이 없으니 5초 정도만 살짝 데치는 게 좋아요. 시간이 없을 때는 어묵을 체에 받쳐 뜨거운 물을 끼얹으세요.
- 어묵은 약한 불에서 오래 볶으면 양념에 어묵이 불어 쫄깃한 맛이 없어지니 처음부터 끝까지 센 불에서 볶으세요.

# 어묵 매운 볶음

**재료**
사각 어묵 … 3장
양파 … 1개
청양고추 … 4개
식용유 … 3큰술
참기름·통깨 … 1큰술씩
**양념** 물 3큰술,
고춧가루·간장·맛술 2큰술씩,
다진 마늘·물엿 1큰술씩, 후춧가루 약간

**한꿋 양념** 만능 맛가루 5큰술,
맛술 3큰술, 물엿 1큰술

1  어묵은 가로 폭대로 가늘게 채 썰어 끓는 물에 5초 정도 데치거나 체에 담아 뜨거운 물을 끼얹어 어묵 특유의 잡내와 기름기를 제거한다.
2  양파는 어묵과 비슷한 굵기로 채 썰고, 청양고추는 열십자(+)로 길게 가른 뒤 잘게 썬다. (a)
3  분량의 양념 재료는 골고루 섞는다.
4  팬에 식용유를 둘러 달군 뒤 센 불에서 어묵을 볶다가 어묵의 고소한 향이 올라오면 양파를 넣어 함께 볶는다.
5  양파의 표면이 투명해지면 고추를 넣어 골고루 섞어가며 볶다가 양파가 거의 익으면 ③의 양념을 넣고 양념이 바특해지면 참기름을 넣어 섞고 불을 끈 뒤 통깨를 섞는다.

 **임성근의 한꿋!**

- 요리할 때 재료의 크기가 제각각이면 완성했을 때 깔끔하지 않고 먹음직스러워 보이지 않아요. 어묵과 양파는 비슷한 굵기로 채 써세요.
- 양념을 볶을 때 고춧가루의 풋내가 날 수 있으나 휘발성이라 볶으면서 날아가니 걱정하지 마세요.
- 맛가루를 사용할 경우 처음부터 맛가루를 뿌려 볶으면 가루가 팬에 눌어붙기 쉬우니 재료가 거의 익을 때쯤 넣어 볶아야 합니다.

오징어 채 볶음

오징어 채 무침

## 오징어 채 볶음

**재료**
오징어 채 … 200g
풋고추 … 2개
홍고추 … 1개
참기름·통깨 … 1큰술
**양념** 맛술 4큰술, 간장·물엿 2큰술씩,
다진 마늘 1큰술, 생강즙 1작은술

**한꽃 양념** 만능 간장 5큰술

1. 오징어 채는 가위로 먹기 좋은 길이로 잘라 찬물에 가볍게 흔들어 헹구고 체에 받쳐 물기를 뺀다.
2. 고추는 반 갈라 가늘게 채 썬다.
3. 팬에 양념을 넣어 바글바글 끓으면 오징어 채를 넣고 저어가며 볶는다.
4. 양념이 자작해지면 고추를 넣고 양념이 없어질 때까지 볶은 뒤 참기름을 둘러 섞고 불을 끈 다음 통깨를 넣어 섞는다.
5. 오징어 채 볶음을 펼쳐서 식힌 뒤 밀폐용기에 담는다.

 **임성근의 한꽃!**

- 단맛을 설탕으로만 맞추면 식은 뒤 오징어 채가 딱딱해지니 물엿과 맛술을 적절히 섞어서 단맛을 내는 게 좋아요.
- 오징어 채 볶음을 냉장고에 보관하면 맛이 떨어지고 쉽게 딱딱해지니 밀폐용기에 넣어 실온에서 보관하세요. 한여름에도 이틀 정도는 상하지 않아요.

## 오징어 채 무침

**재료**
오징어 채 … 200g
쪽파 … 1줄기
참기름·통깨 … 1큰술씩
**양념** 고운 고춧가루·간장·맛술 2큰술씩,
다진 마늘·설탕·고추장 1큰술씩

1. 오징어 채는 가위로 먹기 좋은 길이로 자른다.
2. 끓는 물에 ①의 오징어 채를 넣고 바로 불을 끈 뒤 조리용 젓가락으로 휘휘 저어 섞은 다음 찬물에 헹구고 체에 받쳐 물기를 뺀다.
3. 쪽파는 송송 썬다.
4. 큰 볼에 양념을 넣어 섞고 ②의 오징어 채를 넣어 조물조물 무친 뒤 쪽파와 참기름, 통깨를 넣어 섞는다.

 **임성근의 한꽃!**

- 오징어 채는 끓는 물에 살짝 데치면 부드러워지고 특유의 단맛과 잡내가 없어져서 훨씬 맛있게 먹을 수 있어요.
- 오징어 채 무침을 고소하게 먹으려면 고추장과 고춧가루 대신 마요네즈와 땅콩버터를 넣어 무치세요. 이때 간장과 맛술은 1큰술씩만 넣으세요.

# 마른 새우 마늘종 볶음

**재료**
마른 새우 … 1컵
마늘종 … 6~7줄기
식용유 … 3큰술
참기름 … 2큰술
통깨 … 1큰술
**양념** 간장·맛술·물엿 2큰술씩

**한꾯 양념** 만능 간장 4큰술

1. 마른 새우는 기름이 없는 팬에서 센 불로 1분 정도 볶은 뒤 불을 끄고 잔열로 30초 정도 볶고 체에 담가 가루를 턴다.
2. 마늘종은 흐르는 물에 헹구고 물기를 닦은 뒤 꽃망울은 제외하고 5㎝ 길이로 자른다. (a)
3. 분량의 양념 재료는 골고루 섞는다.
4. 팬에 식용유를 둘러 달군 뒤 마늘종을 넣어 센 불에서 볶다가 초록색이 짙어지면 (b) ③의 양념을 넣어 바글바글 끓인다.
5. 양념이 끓으면서 거품이 커지고 양념이 반 정도 졸아들면 ①의 새우를 넣어 재료가 어우러질 정도로 볶은 다음 참기름을 둘러 섞고 바로 불을 끈 뒤 통깨를 넣어 섞는다.

a

b

 **임성근의 한꾯!**

- 마른 새우를 양념에 볶기 전에 미리 한 번 볶는 이유는 수분을 날려 바삭함과 고소한 맛을 살리기 위함이에요. 또한 새우를 볶아내면 비릿한 맛도 없어지죠.
- 마늘종과 마른 새우를 함께 조리하면 마늘종에는 양념이 적게 배기 때문에 새우는 미리 볶아 두었다가 마늘종에 양념이 밴 다음에 새우를 넣어야 제대로 맛을 낼 수 있어요.
- 마늘종을 볶을 때 기호에 따라 조금 덜 익히면 매콤하고 아삭한 맛을, 표면이 살짝 쪼글거릴 정도로 충분히 볶으면 매운 맛은 사라지고 부드러운 식감을 살릴 수 있어요.

 **임성근의 한끗!**

- 가지는 물기가 많아 그냥 볶으면 흐물거리니 소금에 절여 수분을 빼고 볶아야 식감이 좋아요.
- 쇠고기를 양념할 때 양념 재료를 각각 넣으면 고기에 양념이 골고루 배지 않아요. 양념을 섞어 양념장을 만든 다음 쇠고기를 넣어 버무려야 합니다.
- 쇠고기 양념은 간을 좀 세게 하는 게 좋아요. 가지에서 수분이 빠져 간이 싱거워지거든요.
- 가지를 볶을 때 팬이 달궈지지 않은 상태에서 식용유를 둘러 볶으면 가지가 기름을 모두 흡수해 느끼해지니 식용유를 두르고 충분히 달군 뒤 볶아야 합니다.
- 가지는 스펀지처럼 기름을 흡수하죠. 기름이 부족한 것 같아 기름을 더 첨가하면 많이 느끼해지니 볶을 때 식용유를 많이 넣지 마세요.

## 쇠고기 가지 볶음

**재료**
쇠고기(우둔살) … 100g
가지 … 2개
쪽파 … 2뿌리
홍고추 … 1개
식용유 … 1큰술
소금·통깨 … ½큰술씩
**쇠고기 양념** 다진 파·참기름 1큰술씩, 다진 마늘 ½큰술, 설탕·간장 1작은술씩, 후춧가루 약간
**양념** 다진 파·액젓·참기름 1큰술씩, 다진 마늘 ½큰술, 설탕 ½작은술, 후춧가루 약간

1. 쇠고기는 7cm 길이로 채 썰어 **(a)** 쇠고기 양념에 버무린다.
2. 가지는 꼭지를 1cm 정도 자르고 꼭지 부분에 남은 껍질을 손으로 뜯어낸 뒤 **(b)** 4cm 길이로 자르고 세로로 반 잘라 길게 4등분한다. **(c)**
3. ②의 가지를 볼에 담고 소금을 골고루 뿌려 10분 정도 절인 다음 면포에 싸서 물기를 꼭 짠다.
4. 쪽파는 4cm 길이로 썰고, 홍고추는 반 갈라 4cm 길이로 가늘게 채 썬다.
5. 팬에 식용유를 둘러 달군 뒤 센 불에서 가지를 먼저 볶는다.
6. 가지에 기름이 돌면 쪽파와 홍고추를 넣고 1분 정도 볶은 다음 불을 끄고 잔열로 30초 정도 볶고 덜어내어 펼쳐 식힌다.
7. ⑥의 팬을 센 불에 올려 ①의 쇠고기를 넣고 가닥을 나눠가며 팬에 육즙이 없어질 때까지 바특하게 볶고 덜어내어 식힌다.
8. 쇠고기와 채소가 한 김 식으면 볼에 담고 양념을 넣어 버무리고 마지막에 통깨를 넣는다.

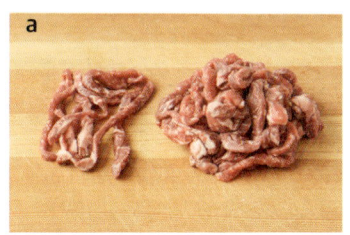
a

b

c

고사리 볶음

마른 곤드레는 고사리와 똑같은 방법으로 손질한 뒤 삶은 곤드레 300g을 준비해서 들기름 3큰술, 다진 파 2큰술, 소금과 다진 마늘 각각 1큰술을 넣어 달달 볶으세요. 곤드레에 국간장을 넣으면 곤드레 특유의 좋은 향을 느낄 수 없으니 소금으로 간을 하는 게 좋아요. 또한 곤드레는 참기름보다 들기름이 맛과 향 모두 훨씬 잘 어울려요.

곤드레 볶음

# 고사리 볶음

**재료**
불린 고사리 … 300g
식용유 … 3큰술
참기름 … 2큰술
통깨 … 1큰술
**양념** 국간장 3큰술, 다진 파 2큰술,
다진 마늘 1큰술

**한꿋 양념** 만능 나물 무침 양념 3큰술,
다진 마늘 1큰술

1. 끓는 물에 불린 고사리를 넣고 10분간 삶아 찬물에 헹구고 체에 밭쳐 물기를 뺀다.
2. 삶은 고사리는 먹기 좋게 5cm 길이로 자른다.
3. 팬을 불에 올리기 전에 식용유를 두르고 고사리를 넣은 뒤 양념을 넣어 손으로 조물조물 무쳐서 고사리에 양념이 배게 한다.
4. ③의 팬을 센 불에 올려 달달 볶고 마지막에 참기름을 둘러 섞은 다음 불을 끄고 통깨를 뿌린다.

 **임성근의 한꿋!**

- 마른 고사리를 구입했다면 하루 전날 미리 쌀뜨물에 담가 부드러워질 때까지 충분히 불려야 먹기 좋아요.
- 고사리를 불릴 때 쌀뜨물을 사용하면 쌀뜨물의 전분기가 고사리의 독성분을 제거하고 부드럽게 만들며 특유의 비린 맛을 없애니 맹물 대신 꼭 쌀뜨물을 사용하세요.

## 시래기 들깨 된장 볶음

**재료**
불린 시래기 … 300g
멸치 국물(또는 물) … 1컵
거피 들깨가루 … 4큰술
다진 파·들기름 … 2큰술씩
**양념** 된장·다진 마늘 2큰술씩,
고추장 1½큰술, 멸치 액젓 1큰술

**한꼿 양념** 만능 나물 무침용 된장 3큰술

1. 불린 시래기는 끓는 물에 넣어 부드럽게 될 때까지 20분 정도 삶는다.
2. 삶은 시래기는 한 김 식힌 뒤 물기를 꼭 짜고 줄기의 껍질을 벗긴 다음 먹기 좋은 길이로 자른다.
3. 깊이가 있는 팬에 시래기와 멸치 국물, 양념을 넣어 중간중간 뒤섞어 가며 15분 정도 충분히 끓이고 국물이 반 정도 줄면 들깨가루를 넣어 섞고 끓인다.(a)
4. ③의 국물이 자작해지면 다진 파, 들기름을 넣어 잠시 볶고 불을 끈다.

 **임성근의 한꼿!**

- 마른 시래기는 물에 담가 4시간 정도 불린 뒤 부드럽게 될 때까지 충분히 푹 삶아야 부드럽게 먹을 수 있어요.
- 시래기 볶음에 고추장과 멸치 액젓이 들어가면 감칠맛이 한결 좋아져요.

# 얼갈이 된장 볶음

**재료**
삶은 얼갈이 … 300g
다진 파 … 2큰술
참기름·통깨 … 1큰술씩
**양념** 된장 3큰술, 고춧가루 2큰술,
다진 마늘·고추장 1큰술씩

**한꿋 양념** 만능 나물 무침용 된장 5큰술

1  삶은 얼갈이는 물기를 꼭 짜서 꼭지를 잘라 가닥만 나눠 준비하거나 먹기 좋은 길이로 자른다.
2  깊이가 있는 팬에 얼갈이와 양념을 넣어 조물조물 무친 뒤 불에 올려 중불에서 12~15분 정도 볶는다.
3  국물이 반 정도 줄면 다진 파, 참기름을 넣어 한소끔 볶고 마지막에 통깨를 뿌린 뒤 불을 끈다.

 **임성근의 한꿋!**

- 얼갈이는 볶을 때 양념을 하면 양념이 속까지 충분히 배지 않고 겉돌 수 있어요. 볶기 전에 미리 양념에 조물조물 무쳐 얼갈이에 충분히 양념이 배게 한 다음 볶아야 맛있습니다.
- 얼갈이를 볶으면 처음에는 얼갈이에서 수분이 빠져 국물이 생기죠. 계속 볶으면 국물이 바특해지는데, 너무 바특하다 싶을 때는 물을 약간만 넣으세요.

*SO EASY SO DELICIOUS*

## 오이 볶음

**재료**
오이 … 2개
홍고추 … 1개
식용유 … 2큰술
참기름·통깨 … 1큰술씩
소금 … 적당량
**양념** 다진 마늘 1큰술, 소금 ½큰술, 설탕 1작은술

**한꿋 양념** 만능 나물 무침 양념 1큰술

1. 오이는 소금으로 문질러 깨끗이 씻고 양 끝을 1㎝ 정도 잘라낸 뒤 0.2㎝ 두께로 둥글게 썬다.
2. ①의 오이를 볼에 담아 소금 1큰술을 넣어 고루 섞고 10분 정도 절인 뒤 면포에 싸서 물기를 꼭 짠다.
3. 홍고추는 반 가르고 길이를 반 잘라 가늘게 채 썬다. (a)
4. 팬에 식용유를 둘러 달구고 센 불에서 ②의 오이와 홍고추를 넣어 오이의 수분이 날아갈 정도로 1분 정도만 펼쳐가며 볶는다.
5. 볶은 오이는 접시에 넓게 펼쳐 한 김 식힌 뒤 양념과 참기름, 통깨를 넣어 가볍게 버무린다.

a

 **임성근의 한꿋!**

- 절인 오이를 짤 때 비틀어 짜면 오이에 멍이 들고 찢어져 맛이 없어져요. 절인 오이는 면포에 싸서 손으로 꼭 눌러 짜세요.
- 고추나 피망, 파프리카 등 껍질이 질긴 채소를 채 썰 때는 껍질 쪽이 칼날에 닿으면 미끄러지면서 잘 썰리지 않으니 안쪽을 위로 두고 써는 게 편해요.
- 오이는 덜 볶거나 오래 볶으면 누렇게 되니 센 불에서 1분 정도만 재빨리 볶으세요.
- 오이에 열기가 있을 때 참기름을 넣으면 오이가 누렇게 변해 맛이 없어 보여요. 보기 좋은 떡이 먹기도 좋다고 오이의 초록색을 살리려면 오이를 볶아 식힌 뒤 양념하세요.

# 오이 미역 초무침

**재료**
마른 미역 … 50g
오이 … 1개
홍고추 … 2개
소금 … 약간
**양념** 2배 식초·액젓·통깨 2큰술씩, 설탕 1⅓큰술

1 마른 미역은 찬물에 담가 10분 정도 불리고 면포에 싸서 물기를 꼭 짠다. 긴 것은 먹기 좋은 길이로 썬다.
2 오이는 소금으로 표면을 문질러 씻고 양끝을 1㎝씩 잘라낸 뒤 반 갈라 길게 어슷 썬다.
3 홍고추는 꼭지를 떼고 얇게 어슷 썬다.
4 볼에 양념을 넣어 섞고 미역과 오이, 홍고추를 넣어 조물조물 무친다.

 **임성근의 한끗!**

- 미역 무침은 미역이 오돌오돌 씹는 맛이 살아 있어야 해요. 미역을 오래 불리면 식감이 좋지 않으니 10~12분 정도만 불려서 물기를 꼭 짜세요.
- 양념에 액젓을 넣으면 감칠맛이 훨씬 좋아져요. 액젓이 없을 때는 국간장으로 간을 맞추세요.

## 오이지 무침

**재료**
오이지 … 2개
쪽파 … 2뿌리
**양념** 고춧가루 2큰술,
다진 마늘·참기름·통깨 1큰술씩

1. 오이지는 0.2cm 두께로 둥글게 썬다.
2. 쪽파는 송송 썬다.
3. 볼에 오이지와 쪽파, 양념을 넣고 손에 힘을 주어 조물조물 무친다.

---

 **임성근의 한끗!**

## 물 없이 새콤달콤 짭쪼름한 오이지 담그기

**재료**
오이지용 오이 … 50개
마른고추 … 10개
소주 … 2병
물엿 … 2kg
사과 식초 … 1kg
소금(간수 뺀 것) … 400g

1. 오이는 흐르는 물에 깨끗이 씻고 물기를 닦는다.
2. 마른고추는 젖은 행주로 먼지를 닦고 듬성듬성 자른다.
3. 오이가 모두 들어갈 만한 밀폐용기를 준비해서 오이를 한 켜 깔고 소금을 오이 위에 한 켜 뿌리는 과정을 반복해 오이를 통에 모두 담는다.
4. 소주와 물엿, 사과 식초와 마른고추를 섞어 ③의 통에 붓는다.
5. 매일 위와 아래의 오이를 뒤집고 오이에서 물이 나와 자작해지면 냉장고에 넣어 이틀 정도 숙성시킨 후 먹는다.

- 소금으로만 절이는 오이지에 비해 새콤달콤한 맛이 은은하게 밴 한결 향긋한 오이지에요.
- 설탕 대신 물엿을 사용해서 삼투압 작용이 빨리 일어나 오이가 훨씬 아작아작하죠. 먹을 때는 별도의 짠맛을 우리는 과정이 필요하지 않아 조리도 한결 간단해요.
- 소금으로만 절이는 오이지는 골마지가 생기게 마련인데, 이 오이지에 넣는 소주는 골마지가 생기지 않게 해요.

아삭이고추 매콤 된장 무침

오이 된장 무침

오이는 3개 준비해서 소금으로 문질러 씻고 양 끝을 잘라낸 뒤 0.2cm 두께로 둥글게 썰어 아삭이고추 된장 무침과 동일한 방법으로 무치되 청양고추는 빼고 대신 붉은 고추 2개를 반 갈라 송송 썰어 넣으세요. 오이 역시 무쳐서 20분만 돼도 수분이 빠져 물이 생기니 먹기 직전에 무치세요.

# 아삭이고추 매콤 된장 무침

**재료**
아삭이고추 … 6개
청양고추 … 3개
참기름·통깨 … 1큰술씩
**양념** 된장 3큰술,
물엿·다진 마늘 1큰술씩

**한끗 양념** 만능 나물 무침용 된장 3큰술

1. 아삭이고추는 꼭지를 떼고 3㎝ 길이로 썬다.
2. 청양고추는 잘게 다진다.
3. 볼에 양념과 다진 청양고추를 넣어 섞는다.
4. ③의 볼에 아삭이고추를 넣어 버무리고 마지막에 참기름과 통깨를 넣어 섞는다.

 **임성근의 한끗!**

- 아삭이고추는 매운 맛이 없어 청양고추의 매콤함을 양념에 더했어요. 아삭아삭한 식감과 매콤함은 삼겹살 구이나 백숙 등 고기 요리와 아주 잘 어울리니 고기 요리를 먹을 때 곁들이세요.
- 매운 것을 싫어하면 청양고추는 빼도 됩니다.
- 아삭이고추는 수분이 많은 고추에요. 무쳐서 오래 두면 수분이 빠져 물이 생기기 시작하니 먹기 직전에 무치세요.

가지 무침

가지 무침과 만드는 방법은 같으나 다진 파, 고춧가루, 설탕, 국간장, 액젓, 참기름, 통깨를 각각 1큰술씩 넣어 양념을 만들고 풋고추와 홍고추 대신 청양고추 1개를 어슷 썰어 함께 무치세요.

가지 매콤 무침

# 가지 무침

**재료**
가지 … 2개
풋고추·홍고추 … 1개씩
**양념** 다진 파 2큰술,
국간장·액젓·다진 마늘·참기름·
통깨 1큰술씩, 설탕 1작은술

**한끗 양념** 만능 나물 무침 양념 3큰술,
다진 마늘·참기름·통깨 1큰술씩

1. 가지는 깨끗이 씻어 꼭지를 1cm 정도 자르고 꼭지 부분에 남은 껍질을 손으로 뜯어낸다.(a)
2. ①의 가지는 기름이 없는 달군 팬에 통째로 올려 중불에서 표면이 갈색이 날 정도로 굴려가며 굽는다.(b)
3. 구운 가지는 길이를 반 자르고 다시 반 가른 다음 세로로 4등분한다.(c)
4. 고추는 반 갈라 5cm 길이로 가늘게 채 썬다.
5. 볼에 양념을 넣어 섞고 고추를 넣어 버무린다.
6. ⑤에 손질한 가지를 넣어 가볍게 조물조물 무친다.

 **임성근의 한끗!**

- 가지는 찌는 것보다 **구워서 조리하면 영양 손실이 적고 가지의 단맛을 올릴 수 있어요.** 또한 찌는 것보다 간편하죠. 가지가 구워지기 시작하면 중불로 줄여 타지 않게 구워야 합니다.

참나물은 400g 준비해서 억센 줄기는 잘라내고 끓는 물에 소금을 약간 넣어 줄기가 부드러워질 때까지만 살짝 데치세요. 물기를 꼭 짜고 양념(다진 파 2큰술, 다진 마늘·국간장(또는 만능 나물 무침 양념 2큰술)·깨소금·참기름 1큰술씩)과 홍고추 1개를 어슷 썰어 넣고 무치세요.

참나물 무침

시금치 무침

취나물 볶음

## 시금치 무침

**재료**
시금치 … 1단(400g)
대파 흰 부분 … 1대 분량
소금 … 적당량
**양념** 다진 마늘·다진 파·참기름·통깨 1큰술씩,
소금 ½큰술

**한꿋 양념** 만능 나물 무침 양념 2큰술,
다진 마늘·다진 파·참기름·통깨 1큰술씩

1. 시금치는 짧고 단단한 것으로 준비해서 상하거나 누런 잎은 떼어내고 뿌리 쪽에 흙이 없도록 깨끗이 씻는다.
2. 대파 흰 부분은 반 갈라 가늘게 채 썬다.
3. 끓는 물에 소금을 1큰술 정도 넣고 단단한 뿌리 쪽부터 넣어 1분 정도 초록을 띄도록 데치고 바로 찬물에 헹군 뒤 물기를 꼭 짠다.
4. 볼에 데친 시금치와 대파 채, 양념을 넣어 조물조물 무친다.

 **임성근의 한꿋!**

- 시금치는 뿌리 쪽에 흙이 많아 물에 담가 흙을 불렸다가 깨끗이 씻어야 합니다.
- 데칠 때는 뿌리부터 넣어야 고르게 익어요. 오래 삶으면 물러져 식감이 떨어지니 1분 정도만 살짝 데쳐야 맛있어요.
- 두부 ⅓모를 으깨 물기를 꼭 짜서 함께 무쳐도 고소하고 맛있습니다.

## 취나물 볶음

**재료**
불린 취나물 … 400g
물 … 3큰술
식용유 … 2큰술
소금 … 적당량
**양념** 다진 파 2큰술, 다진 마늘·들깨 가루·국간장·
들기름·통깨 1큰술씩

**한꿋 양념** 만능 나물 무침 양념 2큰술,
들기름·통깨 1큰술

1. 불린 취나물은 억센 줄기를 잘라 버리고 끓는 물에 소금을 약간 넣어 데친 뒤 찬물에 헹구고 물기를 꼭 짠다.
2. 볼에 ①의 취나물을 담고 양념을 넣어 조물조물 무친다.
3. 깊이가 있는 팬에 식용유를 넣어 달군 뒤 ②의 취나물을 넣어 센 불에서 볶다가 취나물에 골고루 열이 전달되면 분량의 물을 넣고 물기가 없어질 때까지 센 불에서 볶는다.

**임성근의 한꿋!**

- 마른 취나물은 미지근한 물에 5~6시간 정도 충분히 불려야 부드러워져요.
- 기호에 따라 참기름을 넣어도 되지만 취나물은 들기름이 한결 잘 어울려요.

# 무말랭이 무침

**재료**
무말랭이 … 100g
마른 고춧잎 … 30g
**양념** 멸치 액젓·물엿 5큰술씩,
굵은 고춧가루 4큰술,
다진 마늘 3큰술,
고운 고춧가루 2큰술, 설탕 1큰술,
생강즙 1작은술

**한꿋 양념** 만능 맛가루 6큰술,
물엿 5큰술, 멸치 액젓·
다진 마늘 3큰술씩, 설탕 1큰술

1. 마른 고춧잎은 미지근한 물에 담가 6시간 정도 불린 뒤 찬물에 씻고 물기를 꼭 짠다.
2. 무말랭이는 물을 부어 바락바락 주물러 씻은 뒤 물에 담가 2시간 정도 불리고 물기를 뺀다.
3. 불린 무말랭이는 끓는 물에 30초 정도 데치고 찬물에 헹군 뒤 체에 밭쳐 물기를 빼고 물기를 꼭 짠다.
4. 볼에 양념을 넣어 고루 섞고 손질한 무말랭이와 고춧잎을 넣고 손에 힘을 주면서 바락바락 무친다.

 **임성근의 한꿋!**

- 무말랭이 무침은 식감이 맛을 좌우하죠. 덜 불리면 딱딱하고 오래 불리면 식감이 떨어지니 2시간 정도 불리고 끓는 물에 살짝 데치는 게 특유의 아작아작한 식감을 살리는 방법입니다.
- 불린 무말랭이를 끓는 물에 살짝 데치면 말린 무 특유의 냄새를 없앨 수 있고 식감도 훨씬 좋아지니 꼭 데쳐서 무치세요.

## 봄동 겉절이

**재료**
봄동 …200g
쪽파 …6뿌리
**양념** 고춧가루·액젓 3큰술씩,
설탕 1⅓큰술, 다진 마늘·물엿·
통깨 1큰술씩, 다진 생강·참기름 ⅓큰술씩

**한끗 양념** 만능 초무침 양념 4큰술

1. 봄동은 한 장씩 뗀 뒤 깨끗이 씻고 물기를 털어 큰 잎은 먹기 좋게 썬다.
2. 쪽파는 깨끗이 다듬어 씻고 4㎝ 길이로 썬다.
3. 볼에 양념을 넣어 섞는다.
4. ③의 볼에 봄동과 쪽파를 넣어 가볍게 버무린다.

 **임성근의 한끗!**

- 대파는 매운 맛이 많고 쪽파는 매운 맛이 덜하며 부드러워 겉절이를 할 때는 대파보다 쪽파가 맛이 조화롭게 잘 어울려요.
- 쪽파 대신 부추와 양파를 채 썰어 넣고 무쳐도 좋아요.

## 도라지 초무침

**재료**
도라지(손질한 것)… 200g
통깨·소금… 1큰술씩
**양념** 고춧가루 3큰술,
2배 식초·액젓·통깨 2큰술씩,
설탕 1⅓큰술

**한꿋 양념** 만능 초무침 양념 6큰술,
식초 ½큰술

1. 도라지는 손질된 것으로 준비해서 소금을 넣고 손에 힘을 주어 도라지가 부드럽게 휘어질 정도로 바락바락 주무른 뒤 깨끗이 헹구고 체에 받쳐 물기를 뺀다.
2. ①의 도라지에 양념을 넣어 조물조물 무친 뒤 통깨를 넣어 마무리 한다.

 **임성근의 한꿋!**

- 도라지는 소금으로 주물러 씻으면 사포닌 성분이 빠져 쓴맛을 어느 정도 없앨 수 있어요.
- 양념에 생강즙을 약간 넣으면 도라지 특유의 쓴맛이 없어지고 은은한 생강 향이 배서 한결 맛이 좋아집니다.

**임성근의 한끗!**

- 오이는 생으로 무치면 물이 많이 생기므로 소금에 절이고 물기를 꼭 짜서 무치세요.
- 오징어는 데치는 대신 팬에 구우면 조리가 간단하고 영양 손실도 적어요. 단, 오래 구우면 질겨지니 탱글탱글해질 때까지만 구우세요.

오징어 오이 무침

오징어 채소 초무침

 **임성근의 한끗!**

- 물엿에 채소를 절이면 삼투압 작용으로 채소에서 수분이 빠져나와 무말랭이 같이 아작아작한 식감을 낼 수 있고 맛이 훨씬 좋아져요.
- 양념에 생강즙을 넣어 오징어의 비릿한 맛을 없애고 생강의 향긋함을 더했어요.

## 오징어 오이 무침

**재료**
오징어(작은 것) … 2마리
오이 … 1개
통깨 … 2큰술
소금 … 적당량
**양념** 고추장·고춧가루·물엿·식초 2큰술씩,
설탕·다진 마늘·참기름 1큰술씩

**한끗 양념** 만능 초무침 양념 8큰술,
다진 마늘·참기름 1큰술씩

1. 오이는 반으로 갈라 길게 어슷 썰고 소금 1큰술을 뿌려 절인다.
2. 오징어는 다리를 잡아당겨 내장을 빼서 잘라낸 다음 다리는 훑어 빨판을 제거한다.
3. ②의 오징어는 흐르는 물에 깨끗이 헹구고 기름 없는 달군 팬에 올려 센 불에서 뒤집어가며 탱글탱글해질 때까지 굽듯이 익힌다.(a)
4. ③의 오징어는 몸통은 0.5㎝ 폭으로 둥글게 썰고, 다리는 1개씩 자른다.
5. ①의 오이가 휘어질 정도로 절여지면 찬물에 헹구고 면포에 싸서 물기를 꼭 짠다.
6. 오징어와 오이를 볼에 담고 양념을 넣어 골고루 버무리고 모자라는 간은 소금으로 맞춘 다음 통깨를 뿌린다.

## 오징어 채소 초무침

**재료**
오징어 … 1마리
무 … ⅓개(약 500g)
오이 … 1개
당근 … ½개
통깨 … 1큰술
**초절임 양념** 물엿 1컵, 식초 3큰술, 소금 2큰술
**양념** 고운 고춧가루·고추장·물엿·식초 3큰술씩,
액젓·참기름 2큰술씩, 설탕 1½큰술, 다진 마늘 1큰술,
생강즙 1작은술

**한끗 양념** 만능 초무침 양념 8큰술, 참기름 2큰술

1. 무와 당근은 6㎝ 길이의 새끼손가락보다 조금 가는 굵기로 채 썰고, 오이는 길이를 4등분하여 무와 비슷한 굵기로 채 썬다.
2. ①의 채소는 모두 볼에 담고 초절임 양념을 넣어 골고루 섞은 뒤 3시간 정도 절인다.
3. 오징어는 손질한 뒤 흐르는 물에 깨끗이 헹구고 기름 없는 달군 팬에 올려 센 불에서 뒤집어가며 탱글탱글해질 때까지 굽듯이 익힌다.(a)
4. ③의 오징어는 몸통은 0.5㎝ 폭으로 둥글게 썰고, 다리는 1개씩 자른다.
5. ②의 절인 채소는 면포에 싸서 물기를 꼭 짠(b) 다음 오징어와 함께 볼에 담고 양념을 넣어 버무린 뒤 마지막에 통깨를 넣어 무친다.

a

b

꽃게 살 무침

꽃게를 깨끗이 손질해서 먹기 좋게 썰고 꽃게 살 무침과 같은 양념장에 버무리면 양념 게장이 돼요. 꽃게 살 무침과 동일한 양념 분량이면 꽃게 5마리를 준비하세요. 꽃게를 무칠 때 오이를 넣으면 오이의 향이 꽃게의 비린내를 잡아주죠. 오이는 삼각 썰기하고 마늘과 생강, 대파 흰부분은 곱게 채 썰어서 함께 무치세요.

양념 게장

# 꽃게 살 무침

**재료**
꽃게 … 4마리(약 2kg)
대파 흰부분 … 2대 분량
풋고추·홍고추 … 3개씩
마늘 … 8쪽
생강 … 2쪽
참기름 … 적당량
**양념** 고춧가루 ¾컵,
간장·매실청 ½컵씩, 소주 ¼컵,
식초·조청 2큰술씩,
설탕·다진 마늘 1큰술씩, 생강즙 ½큰술

**한끗 양념** 만능 초무침 양념 8큰술,
식초 1큰술

1. 꽃게는 솔로 구석구석 문질러 흐르는 물에 깨끗이 씻는다.
2. 꽃게 배 쪽의 딱지를 손으로 들어 몸통과 딱지를 분리한 뒤 모래주머니를 떼어낸다.
3. 게딱지 속의 내장과 알을 긁어내고 꽃게 몸통은 반으로 썬다.
4. 꽃게 몸통은 밀대로 밀어 살을 빼고, (a) 다리는 하나씩 가위로 잘라 밀대로 밀어 살을 말끔히 뺀다.
5. 대파는 송송 썰고, 고추는 반 갈라 송송 썬다. 마늘은 얇게 편으로 썬다.
6. 생강은 가늘게 채 썰어 찬물에 5분 정도 담가 전분기와 쓴맛을 뺀 뒤 체에 밭쳐 물기를 뺀다.
7. 볼에 분량의 양념 재료를 골고루 섞고 대파와 고추, 마늘, 생강을 섞어 양념장을 완성한다.
8. ⑦의 볼에 ④의 꽃게 살을 넣어 살살 버무려 통에 담는다.
9. 먹기 전에 꽃게 살 무침 3큰술에 참기름 2큰술을 넣어 무친다.

a

 **임성근의 한끗!**

- 양념장에 소주를 넣으면 게의 비린 맛을 없앨 수 있어요.
- 게살을 뺄 때 손으로 눌러 빼면 말끔히 빠지지 않으니 밀대로 밀어서 빼세요.
- 남은 꽃게 껍질은 얼려두었다가 된장찌개를 끓일 때 국물을 내면 구수한 맛을 낼 수 있어요.
- 밥 위에 꽃게 살 무침만 얹어 먹어도 맛있지만 김과 달걀노른자를 함께 얹어 먹으면 더 맛있어요.
- 오이를 둥글게 썰고 양파는 오이와 비슷하게 썰어 꽃게 살 무침에 넣어 무치면 반찬으로 좋아요.

콩나물 매콤 무침

콩나물 무침

콩나물 얼큰 조림

콩나물 무침 양념에 고춧가루를 넣지 않고 깔끔하게 먹으려면 콩나물 400g을 준비해서 콩나물 매콤 무침과 같이 콩나물을 손질한 뒤 다진 파 2큰술에 다진 마늘, 소금, 참기름, 통깨를 각각 1큰술씩 넣어 무치세요.

## 콩나물 매콤 무침

**재료**
콩나물 … 200g
참기름·통깨 … 1큰술씩
**양념** 액젓·다진 파 2큰술씩,
고춧가루·다진 마늘 1큰술씩, 소금 ½큰술

**한꿋 양념** 만능 맛가루 4큰술, 다진 파 2큰술,
다진 마늘 1큰술

1 콩나물은 꼬리를 떼고 콩 껍질이 없도록
  깨끗이 씻는다.
2 손질한 콩나물은 끓는 물에 넣고 약 4분 정도
  아삭하게 삶아 건지고 바로 찬물에 헹군 뒤
  체에 밭쳐 물기를 뺀다.
3 삶은 콩나물에 양념을 넣어 살살 버무리고
  마지막에 통깨와 참기름을 넣어 섞는다.

## 콩나물 얼큰 조림

**재료**
콩나물 … 300g
참기름·통깨 … 1큰술씩
**양념** 물 1½컵, 고춧가루 2큰술,
고추장·굴소스·맛술·물엿·다진 마늘 1큰술씩

**한꿋 양념** 만능 간장 5큰술, 고춧가루 3큰술

1 콩나물은 꼬리를 떼고 콩 껍질이 없도록
  깨끗이 씻은 뒤 체에 밭쳐 물기를 뺀다.
2 팬에 양념을 넣어 바글바글 끓으면 콩나물을
  넣고 센 불에서 뒤섞어가며 양념이 모두
  배도록 10분 정도 조린다.
3 국물이 자작해지면 참기름을 넣어 한 번
  뒤섞고 통깨를 뿌린 뒤 불을 끈다.

 임성근의 한꿋!

- 콩나물을 삶을 때는 중간에 뚜껑을 열거나 닫으면 비린 맛이 날 수 있으니 처음부터 뚜껑을 열거나 닫은 채로 삶으세요.
- 콩나물의 아삭한 식감을 살리려면 삶은 뒤 바로 찬물이나 얼음물에 헹궈 열기를 빼세요. 그렇지 않으면 콩나물에 남아있는 잔열로 콩나물이 계속 익으며 수분이 빠져나가 질겨집니다.

 임성근의 한꿋!

- 콩나물을 조릴 때 센 불에서 조려야 콩나물에서 수분이 덜 빠져 맛있고 표면에 윤기도 생깁니다.
- 조릴 때 콩나물에서 수분이 빠져 국물이 많아지는데, 바특하게 졸이지 말고 국물과 함께 먹는다는 생각으로 국물이 자작하게 남을 정도로 조리면 더 맛있어요.

감자 조림

매콤하게 먹고 싶을 때는 감자 조림과 같은 재료를 준비하는데, 쪽파 대신 풋고추를 준비해서 2㎝ 길이로 썰어 양파를 볶기 전에 고추를 먼저 넣고 3분 정도 볶은 후에 양파를 넣어 볶으세요. 그리고 감자 조림과 같은 양념에 고춧가루를 3큰술 더해서 양념을 만들어 조립니다.

감자매콤 조림

# 감자 조림

**재료**
감자 … 3개
양파 … ½개
쪽파 … 2줄기
물 … 1컵
식용유 … 3큰술
참기름·통깨 … 1큰술씩
**양념** 간장 3큰술, 맛술 2큰술,
설탕·다진 마늘·물엿 1큰술씩,
후춧가루 약간

**한꿋 양념** 만능 간장 ⅓컵

1. 감자는 껍질을 벗겨 세로로 반 자르고 다시 세로로 반 잘라 3등분한 뒤 찬물에 5분 정도 담가 전분기를 빼고 체에 받쳐 물기를 뺀다.
2. 양파는 감자와 비슷한 크기로 썰고, 쪽파는 송송 썬다.
3. 깊이가 있는 팬이나 냄비에 식용유를 둘러 달군 뒤 감자를 넣어 센 불에서 감자 가장자리가 투명해질 때까지 볶다가 양파를 넣고 1분 정도 더 볶는다.
4. ③의 냄비에 분량의 물을 붓고 양념을 넣어 한소끔 끓인 뒤 중약불로 줄여 채소에 양념이 고루 배게 뒤섞어가며 조린다.
5. 국물이 자작해지면서 감자가 다 익으면 불을 끄고 참기름과 통깨, 쪽파를 넣어 섞는다.

 **임성근의 한꿋!**

- 감자에 전분기가 있으면 볶을 때 서로 붙으니 손질한 감자는 물에 담가 전분기를 빼는 게 좋습니다.
- 감자는 볶은 후 조려야 감자가 부서지지 않아 깔끔하고 감자의 고소한 맛을 살릴 수 있어요.
- 양파는 기름에 볶으면 단맛과 향이 기름에 녹아 감칠맛이 더 좋아지죠.

연근 조림

우엉 조림

## 연근 조림

**재료**
연근 … 2개(400g)
생강 … 1쪽
참기름·통깨·식용유 … 3큰술씩
식초 … 1큰술
**양념** 멸치 국물 3컵, 간장·맛술·조청 4큰술씩, 설탕 1큰술

**한꼿 양념** 만능 간장 5큰술

1. 연근은 필러로 껍질을 벗기고 0.5㎝ 두께로 둥글게 썰어 물에 담가 갈변을 방지한다.
2. 생강은 껍질을 칼로 긁어 벗기고 물에 헹군 뒤 얇게 편으로 썬다.
3. 끓는 물에 식초를 넣고 연근을 넣어 5분 정도 삶아 체에 건진다.
4. 냄비에 식용유를 둘러 달군 뒤 연근을 넣어 센 불에서 5분 정도 볶다가 양념과 생강을 넣어 끓인다.
5. 양념이 바글바글 끓어오르면 중간중간 저으면서 끓이고 국물이 바특하게 졸면 생강을 건지고 불을 끈 뒤 참기름과 통깨를 넣어 섞는다.

## 우엉 조림

**재료**
우엉 … 4개(700g)
홍고추·청양고추 … 2개씩
생강 … 1쪽
참기름 … 3큰술
통깨 … 2큰술
식초 … 1큰술
**양념** 멸치 국물 4컵, 간장·맛술·조청 4큰술씩, 설탕 1큰술

**한꼿 양념** 만능 간장 5큰술

1. 우엉은 필러로 껍질을 벗겨 씻고 채칼로 채를 썰어 물에 담가 갈변을 방지한다.
2. 고추는 반 갈라 송송 썰고, 생강은 편으로 썬다.
3. 끓는 물에 식초를 넣고 우엉을 넣어 5분 정도 삶아 체에 건져 물기를 뺀다.
4. 냄비에 양념과 생강을 넣어 끓이다가 바글바글 끓어오르면 우엉을 넣고 중간중간 저으면서 20분 정도 조린다.
5. 국물이 자작하게 졸면 고추를 넣어 골고루 섞고 국물이 바특해지면 생강을 건져낸 뒤 불을 끄고 바로 참기름과 통깨를 넣어 섞는다.

 **임성근의 한꼿!**

- 양념에 생강을 넣으면 은은한 생강 향이 배어 음식의 맛과 향이 훨씬 좋아져요.
- 연근 조림은 청양고추를 2~3개 다져서 연근이 거의 조려졌을 때 넣어 매콤하게 먹어도 맛있어요.
- 연근과 우엉은 데치지 않고 바로 조리면 딱딱해지니 끓는 물에 살짝 데친 뒤 조려야 부드러워요. 데칠 때 식초를 넣으면 갈변 방지는 물론 떫은맛도 없어져요.

# 꽈리고추 곤약 조림

**재료**
곤약 … 1모
꽈리고추 … 20개
표고버섯 … 5개
홍고추 … 3개
표고 다시마 국물(또는 다시마 국물)
… 2컵
참기름·통깨 … 1큰술씩
소금 … 약간
**양념** 간장·맛술·물엿 2큰술씩,
설탕 1큰술, 식초·생강즙 1작은술씩

**한꿋 양념** 만능 간장 ½컵, 식초 1작은술

1. 곤약은 0.5cm 두께, 3×10cm 크기의 직사각 모양으로 썰어 가운데에 길게 칼집을 넣는다.
2. ①의 곤약은 한쪽 끝을 칼집 사이로 넣어 꼬아서 매작과 모양으로 만든 뒤 (a) 끓는 물에 소금을 약간 넣어 살짝 데치고 체로 건져 물기를 뺀다.
3. 꽈리고추는 양 끝을 자르고 (b) 긴 것만 반으로 썬다.
4. 표고버섯은 열십자(+)로 썰어 4등분하고, 홍고추는 길이에 따라 3~4등분한다.
5. 냄비에 표고 다시마 국물을 붓고 데친 곤약과 양념을 넣어 중약불에서 10분 정도 끓인 뒤 꽈리고추와 표고버섯을 넣어 중불에서 함께 조린다.
6. 꽈리고추의 숨이 살짝 죽으면 참기름을 두르고 불을 끈 뒤 통깨를 뿌려 뒤섞는다.

 **임성근의 한꿋!**

- **표고버섯은** 곤약과 식감이 잘 어울릴 뿐 아니라 **곤약 조림에 감칠맛과 향을 살리는 재료죠.**
- **곤약은** 조리기 전에 옅은 소금물에 살짝 데치면 **특유의 냄새를 없앨 수 있어요.**
- 곤약을 매작과 모양으로 만들어 조리면 보기 좋을 뿐 아니라 양념도 잘 배어듭니다.
- **꽈리고추는 양 끝을 잘라야** 양념이 훨씬 잘 배서 맛이 좋아요.
- 양념에 식초를 약간 넣으면 곤약 특유의 냄새가 없어지고 더 쫄깃해져요.
- 매콤한 맛을 더하고 싶다면 꽈리고추와 함께 청양고추를 2개 썰어 넣으세요.

# 두부 조림

**재료**
두부 … 1모(300g)
양파 … 1개
대파 … 1대
들기름(또는 참기름)·통깨 … 2큰술씩
식용유 … 적당량
**양념** 멸치 국물 ½컵, 간장·물엿 2큰술씩, 고추장·고춧가루·다진 마늘 1큰술씩

**한꼿 양념** 만능 간장·멸치 국물 ½컵씩, 고춧가루 3큰술

1. 두부는 세로로 반 썬 뒤 1.5㎝ 폭으로 썰고 키친타월 위에 올려 물기를 제거한다.
2. 양파는 도톰하게 채 썰고, 대파는 어슷 썬다.
3. 팬에 식용유를 둘러 달구고 ①의 두부를 올려 앞뒤가 노릇해질 정도로 지져낸 뒤 체에 올리고 뜨거운 물을 끼얹어 (a) 기름기를 제거한다.
4. ③의 팬에 식용유를 약간만 더 두르고 양파와 대파를 넣어 볶다가 양파가 반 정도 익으면 양념을 넣어 센 불에서 조리고 양념이 바글바글 끓으면 두부를 넣어 함께 조린다.
5. 양념 국물이 바특해지면 들기름과 통깨를 넣어 뒤섞는다.

a

 **임성근의 한꼿!**

- 두부는 그냥 조리하면 쉽게 부서지므로 팬에 한 번 구워 조리는 게 좋아요.
- 두부를 지질 때 약한 불에서 지지면 두부에 기름이 스며 느끼해질 수 있으니 센 불에서 표면이 노릇해질 정도로 지지세요.
- 좀 더 매콤하게 먹고 싶을 때는 청양고추 3개를 송송 썰어 양념과 함께 넣으세요.

# 두부 엿장 조림

**재료**
두부 … 1모(250g)
청양고추·홍고추 … 3개
마늘 … 6~7쪽
녹말가루 … 1컵
통깨 … 2큰술
식용유 … 적당량
**양념** 간장·맛술·물 3큰술씩,
조청 2큰술, 참기름 1큰술,
생강즙 1작은술

**한끗 양념** 만능 간장·물 5큰술씩

1. 두부는 세로로 반 썰고 1.5cm 폭으로 썰어 키친타월 위에 올려 물기를 제거한다.
2. ①의 두부에 녹말가루를 얇고 고르게 묻힌다.
3. 팬에 식용유 ½컵을 부어 달군 뒤 ②의 두부를 넣어 센 불에서 튀기듯이 노릇하게 지지고 체에 밭쳐 기름을 뺀다.
4. 고추는 2cm 길이로 썰고, 마늘은 편으로 썬다.
5. 팬에 식용유 1큰술을 둘러 달구고 마늘을 볶다가 마늘이 노릇해지면 양념을 넣어 끓인다.
6. 양념이 바글바글 끓으면 지진 두부를 넣고 센 불에서 끓이다가 고추를 넣고 (a) 살살 저어가며 국물이 바특하게 줄고 두부 표면에 윤기가 나면 불을 끄고 통깨를 뿌린다.

 **임성근의 한끗!**

- 두부를 조릴 때는 넓은 팬을 이용해서 센 불에서 조려야 수분이 빨리 날아가 두부가 윤기나게 조려져요.
- 매콤한 맛을 원할 때는 양념에 청양고추 3개를 다져 넣고 함께 조려도 맛있어요.

# 쇠고기 장조림

**재료**
쇠고기(홍두깨살) … 600g
꽈리고추 … 40개
마늘 … 20쪽
물 … 10컵
설탕 … 5큰술
**향채** 통후추 20개, 마늘 10쪽, 생강 2쪽
**양념** 간장 5큰술,
설탕·맛술·청주 3큰술씩,
생강즙 1작은술

**한꼿 양념** 만능 간장 6큰술, 간장 3큰술

1. 쇠고기는 4등분해서 찬물에 넣고 설탕을 함께 넣어 4시간 정도 핏물을 뺀 다음 깨끗한 물에 헹군다.
2. 냄비에 분량의 물을 붓고 핏물을 뺀 쇠고기와 향채를 넣어 중간중간 거품을 말끔히 걷어가며 센 불에서 1시간 정도 푹 삶는다.
3. 삶은 쇠고기는 건져서 먹기 좋은 크기로 쭉쭉 찢고, 쇠고기 육수는 면포에 거른 뒤 식혀서 위에 뜨는 기름을 말끔히 제거한다.
4. 꽈리고추는 양 끝을 자른다.
5. 냄비에 ③의 쇠고기 육수 3컵(한꼿 양념으로 만들 때는 4컵)을 붓고 양념을 넣은 뒤 찢어 놓은 쇠고기를 넣어 센 불에서 한소끔 끓인다.
6. ⑤를 중불로 줄여 끓이다가 국물이 반으로 줄면 마늘을 넣어 조리고 국물이 ⅓로 줄면 꽈리고추를 넣은 뒤 3~4분 정도 센 불로 조리고 불을 끈다.

 **임성근의 한꼿!**

- 장조림용 쇠고기는 기름이 없고 결대로 잘 찢어지는 홍두깨살이 좋아요. 홍두깨살이 없을 때는 우둔살을 사용하세요.
- 쇠고기의 핏물을 뺄 때 설탕을 넣으면 핏물이 잘 빠지고 연육 작용으로 부드러워져요.
- 쇠고기는 뜨거울 때 찢어야 잘 찢어져요.
- 고기가 익기 전에 소금이나 간장 등 염분이 들어가면 고기가 퍽퍽하고 질겨져요. 그러므로 장조림을 부드럽고 맛있게 먹으려면 고기가 완전히 익은 뒤 양념에 조리세요.
- 꽈리고추는 한꺼번에 조리지 말고 먹을 때마다 넣어서 조리는 게 훨씬 맛이 좋아요.

## 메추리알 장조림

**재료**
메추리알 … 30개
마늘 … 10쪽
멸치 국물 … ½컵
소금·식초·참기름 … 1큰술씩
**양념** 간장 ½컵, 물엿 4큰술, 설탕 1큰술

**한꿋 양념** 만능 간장 ½컵

1 냄비에 메추리알이 잠길 정도로 물을 붓고 소금과 식초, 메추리알을 넣어 8분 정도 완숙으로 삶은 다음 찬물에 잠시 담가둔다.
2 ①의 메추리알은 껍데기를 깨끗이 벗겨 물에 한 번 헹군다.
3 냄비에 멸치 국물(한꿋 양념으로 만들 때는 다시마 국물)을 부어 보글보글 끓어오르면 양념과 메추리알을 넣고 중불에서 5분 정도 조린다.
4 ③에 마늘과 참기름을 넣고 국물이 반 정도 남을 때까지 조린다.

 **임성근의 한꿋!**

- 메추리알을 삶을 때 소금과 식초를 1큰술씩 넣고 다 삶은 뒤 물을 따라버리고 찬물을 부어 잠시 두었다가 물을 버리고 냄비 뚜껑을 덮은 채로 냄비를 마구 흔들면 껍데기가 쉽게 벗겨져요.
- 메추리알을 더 부드럽게 먹으려면 조림 시간을 3분으로 줄이세요.
- 메추리알 장조림에 꽈리고추를 넣어도 잘 어울리는데, 꽈리고추를 넣을 때는 반으로 썰어서 불을 끄기 2분 전에 넣고 함께 조리면 됩니다.

## 새송이 간장 절임

**재료**
새송이버섯(큰 것) … 10개
**양념** 멸치 국물 1½컵, 간장 5큰술,
맛술 3큰술, 설탕·물엿 2큰술씩,
식초 1큰술

**한끗 양념** 만능 간장·물 1컵씩,
간장 5큰술

1 새송이버섯은 밑동과 갓을 자르고 세로로 열십자(+)로 4등분해서 <sup>(a)</sup> 열탕 소독한 병에 담는다.
2 양념을 냄비에 넣고 한소끔 끓으면 중불로 줄여 5분간 끓인다.
3 ②의 절임 국물이 뜨거울 때 ①의 병에 붓고 식으면 뚜껑을 닫아 냉장 보관한다.

a

 **임성근의 한끗!**

- 갓을 잘라 내지 않으면 균사체로 인해 냄새가 날 수 있으니 꼭 잘라내고 기둥만 사용하세요. 잘라낸 갓은 된장찌개 등에 활용하면 됩니다.
- 매콤하게 먹으려면 청양고추 5개를 3등분해서 새송이버섯과 함께 절이세요.
- 새송이 간장 절임은 냉장 보관하면 6개월 정도 두고 먹을 수 있어요.

*SO EASY SO DELICIOUS*

# 오징어 꽈리고추 조림

**재료**
오징어 … 2마리
꽈리고추 … 10개
마늘 … 10쪽
참기름 … 2큰술
통깨 … 1큰술
**양념** 생강 1쪽, 간장 4큰술,
조청·맛술 2큰술씩, 설탕 1큰술,
후춧가루 약간

**한꿋 양념** 만능 간장 5큰술

1. 오징어는 몸통을 반 갈라 내장을 빼서 잘라낸 다음 흐르는 물에 깨끗이 씻고, 다리는 빨판을 훑어가며 깨끗이 씻는다.
2. 오징어 몸통은 껍질을 벗겨 안쪽에 그물 모양으로 칼집을 넣은 뒤 반 잘라 1.5㎝ 폭으로 썰고,(a) 다리는 1개씩 자르고 긴 것은 반으로 썬다.
3. 꽈리고추는 양 끝을 잘라내고 긴 것만 반으로 썬다.
4. 마늘과 양념 재료의 생강은 도톰하게 편으로 썬다.
5. 냄비에 양념을 넣어 끓이다가 끓어오르면 중불로 줄이고 마늘과 오징어를 넣어 센 불에서 조린다.
6. 중간중간 재료를 뒤섞어가며 조리다가 국물이 ⅓로 줄면 꽈리고추를 넣어 함께 조린다.
7. 꽈리고추의 숨이 죽으면 참기름과 통깨를 넣고 뒤섞어 마무리한다.

 **임성근의 한꿋!**

- 오징어는 안쪽에 칼집을 넣으면 오징어가 동그랗게 말리는 것을 방지할 수 있어요.
- 꽈리고추는 양 끝을 잘라 양쪽에 구멍을 내면 양념이 빨리 배어듭니다.
- 오징어는 물을 넣지 않아도 조리는 중에 오징어에서 수분이 빠져 어느 정도 물기가 생깁니다.
- 마른 표고버섯을 미지근한 물에 부드럽게 불려서 기둥은 떼어 내고 갓만 열십자(+)로 4등분한 뒤 오징어와 함께 넣고 조려도 맛있어요.

# 갈치 조림

**재료**
갈치(큰 것) … 1마리
무 … 4cm
양파 … ½개
대파 … 1대
청양고추 … 2개
홍고추 … 1개
멸치 국물(또는 물) … 3컵
**양념** 간장·맛술 3큰술씩,
고춧가루·다진 마늘·청주·물엿
2큰술씩, 고추장·된장 1큰술씩,
다진 생강 ⅓큰술, 후춧가루 약간

**한꿋 양념** 만능 간장 ½컵,
고춧가루 5큰술, 된장 1큰술

1. 갈치는 비늘을 긁고 지느러미를 자른 뒤 흐르는 물에 씻는다.
2. 무는 1.5cm 두께로 네모나게 썰고, 양파는 굵직하게 채 썬다.
3. 대파는 5cm 길이로 썰고, 고추는 어슷하게 썬다.
4. 분량의 재료를 섞어 양념을 만든다.
5. 냄비 바닥에 무를 깔고 갈치를 올린 뒤 양파를 올린다.
6. ⑤에 멸치 국물을 붓고 양념을 골고루 얹어 끓인다.
7. 국물이 끓기 시작하면 중약불로 줄여 국물이 자작해질 때까지 조린다.
8. ⑦에 대파와 고추를 골고루 올리고 대파가 익을 정도로만 센 불에서 1분 정도 끓인다.

 **임성근의 한꿋!**

- 생선을 조릴 때 뚜껑을 덮은 채로 조리면 비린내가 날 수 있으니 끓기 시작하면 뚜껑을 여세요.
- 센 불로 조리면 무가 탈 수 있으니 중약불에서 조리다가 마지막에 센 불로 1분 정도 조리세요.
- 무 대신 감자나 시래기를 넣어도 좋아요. 시래기는 불린 시래기를 준비해서 줄기의 껍질을 벗겨야 부드럽게 먹을 수 있어요.
- 갈치 말고 다른 생선을 조릴 때는 위의 양념을 기준으로 고등어는 1마리, 조기는 3마리, 병어와 가자미는 2마리씩 준비해서 조리면 됩니다.

# 코다리 간장 조림

**재료**
코다리 … 1마리
양송이버섯 … 5개
무 … 5㎝
당근 … ⅔개
꽈리고추·홍고추 … 3개씩
마늘 … 10쪽
생강 … ½쪽
식용유 … 적당량
**양념** 멸치 국물 1컵, 맛술 ½컵,
간장·조청 3큰술씩, 생강즙 1작은술,
후춧가루 ½작은술

**한끗 양념** 멸치 국물 1컵,
만능 간장 5큰술

1. 코다리는 지느러미를 자르고 5㎝ 길이로 자른 뒤 물에 헹궈 물기를 꼭 짠다.
2. 양송이버섯은 크기에 따라 2~4등분한다.
3. 무는 길이로 반 잘라 열십자(+)로 4등분 혹은 6등분 한 뒤 모서리를 돌려깎는다. (a)
4. 당근은 반으로 갈라 삼각썰기한 뒤 모서리를 돌려깎는다. (b)
5. 꽈리고추는 반으로 썰고, 홍고추는 2㎝ 길이로 썬다.
6. 생강은 칼로 긁어 껍질을 벗기고 편으로 썬다.
7. 분량의 재료를 섞어 양념을 만든다.
8. 달군 팬에 식용유를 두르고 ①의 코다리를 얹어 중불에서 뒤집어가며 노르스름하게 굽고 양념과 생강을 넣어 끓인다.
9. 양념이 바글바글 끓으면 무와 양송이버섯을 넣어 중간중간 저어가며 끓이다가 국물이 반으로 줄면 당근과 마늘을 넣어 끓이고 (c) 당근이 거의 익으면 고추를 넣어 끓인다.
10. 국물이 자작하게 줄면 불을 끈다.

a

b

c

 **임성근의 한끗!**

- 코다리 머리는 버리지 말고 바람이 잘 드는 곳에서 바짝 말려 밑국물을 낼 때 사용하세요.
- 무와 당근은 모서리를 돌려깎아야 조릴 때 뭉개지지 않아 국물이 지저분해지지 않아요.

# 꽁치 엿장 조림

**재료**
통조림 꽁치(400g) … 2캔
청양고추·홍고추 … 2개씩
마늘 … 5쪽
식용유 … 5큰술
감자 전분 … 3큰술
참기름·통깨 … 1큰술씩
**양념** 멸치 국물·조청·맛술 4큰술씩,
간장 3큰술, 생강즙 1작은술,
후춧가루 약간

**한꿋 양념** 멸치 국물·만능 간장 5큰술씩

1  통조림 꽁치는 체에 밭쳐 기름을 빼고 뜨거운 물을 끼얹어 기름기를 제거한다.
2  ①의 꽁치에 감자 전분을 묻히고 10분 정도 그대로 둬 (a) 꽁치에서 감자 전분이 떨어지지 않게 고정한다.
3  고추는 반 갈라 송송 썰고, 마늘은 도톰하게 편으로 썬다.
4  팬에 식용유를 둘러 달군 뒤 ②의 꽁치를 얹어 앞뒤로 노릇하게 지진다. (b)
5  꽁치를 지지는 동안 다른 팬에 양념과 ③의 마늘을 넣어 바글바글 끓으면 ④의 꽁치를 넣어 조린다.
6  ⑤의 양념이 자작해지면서 거품이 커지면 고추를 넣고 30초 정도 저으면서 끓인 뒤 불을 끄고 참기름과 통깨를 섞는다.

a

b

**임성근의 한꿋!**

● 꽁치에 전분을 묻혀 바로 조리하면 꽁치를 지지는 동안 전분이 다 떨어져요. 전분을 묻힌 뒤 10분 정도 그대로 둬 꽁치의 수분으로 인해 전분이 꽁치에 고정되게 하세요.

# 조기 양념 조림

**재료**
조기 … 3마리
대파 … 1½대
마늘 … 4쪽
식용유 … 3큰술
**양념** 고춧가루·간장·물·조청 2큰술씩,
다진 마늘·청주·참기름·통깨 1큰술씩,
설탕 ½큰술, 생강즙·식초 1작은술,
후춧가루 약간

**한꼿 양념** 만능 간장 4큰술,
고춧가루 2큰술, 통깨 1큰술,
식초 1작은술

1. 조기는 비늘을 긁고 지느러미를 자른 뒤 양면에 2군데씩 사선으로 칼집을 넣는다.
2. 대파 1대는 듬성듬성 썰고, 마늘은 도톰하게 편으로 썬다.
3. 나머지 대파 ½대는 흰 부분과 초록 부분으로 나눠 각각 가늘게 채 썬다.(a)
4. 팬에 식용유를 두르고 ②의 대파와 마늘을 얹어 센 불에 올리고 기름에 향채의 향이 배면 손질한 조기를 얹어 양면을 노릇하게 굽는다.(b)
5. 다른 팬에 양념을 넣어 양념이 바글바글 끓기 시작하면 ④의 구운 조기를 얹어 뒤집어가며 3~4분 정도 조린다.
6. 접시에 조기를 담고 채 썬 대파를 조기 위에 올려 낸다.

 **임성근의 한꼿!**

- 양념장에 식초를 넣으면 생선의 비린내를 없애고 상큼한 맛을 냅니다. 또한 생선살이 단단해져 쉽게 부스러지지 않고 식감도 좋아지죠.
- 생선을 구울 때 팬이 달궈지지 않은 채로 구우면 팬에 생선이 달라붙으니 팬과 식용유가 충분히 달궈진 다음 생선을 올리세요. 팬을 기울여봐서 식용유가 물처럼 잘 흐르면 열이 충분히 오른 겁니다.

# 꽈리고추 양념찜

**재료**
꽈리고추 … 500g
밀가루 … 3큰술
**양념** 다진 청양고추·홍고추 3개씩,
고춧가루·물·다진 파·참기름 2큰술씩,
다진 마늘·설탕·간장·물엿·
멸치 액젓 1큰술씩

**한끗 양념** 만능 맛가루 5큰술,
참기름·통깨 2큰술씩,
액젓·맛술·물엿·설탕 1큰술

1. 꽈리고추는 꼭지를 떼고 물에 씻은 뒤 물기를 턴다.
2. 꽈리고추에 물기가 남아있을 때 밀가루와 함께 위생백에 넣고 위생백을 흔들어 꽈리고추에 밀가루를 골고루 묻힌다.(a)
3. 분량의 재료를 섞어 양념을 만든다.
4. 김 오른 찜통에 젖은 면포를 깔고 꽈리고추를 얹은 뒤 면포를 위에 얹고(b) 뚜껑을 닫아 3~5분 정도 파릇하게 찌고 넓은 쟁반에 펼쳐 한 김 식힌다.(c)
5. ④의 꽈리고추에 양념을 넣어 살살 버무린다.

a
b
c

 **임성근의 한끗!**

- 꽈리고추에 밀가루 대신 찹쌀가루를 묻히면 쫄깃한 식감을, 날콩가루를 묻히면 고소한 맛을 살릴 수 있어요.
- 꽈리고추를 찔 때 면포를 덮지 않으면 찌면서 뚜껑에서 물이 떨어져 꽈리고추에 입힌 밀가루가 벗겨질 수 있어요.
- 꽈리고추를 찐 뒤 펼쳐 식히지 않으면 잔열로 인해 꽈리고추의 색이 거무스름해집니다.
- 매운 맛을 줄이고 싶으면 양념에 들어가는 고추의 양을 줄이세요.

# 강된장

**재료**
다진 쇠고기 … 100g
표고버섯 … 2개
감자 … 1개
양파·사과 … ½개씩
애호박 … ⅓개
두부 … ⅓모
대파 … 1대
풋고추 … 3개
멸치 국물 … 1컵
식용유 … 2큰술
참기름 … 1큰술
**양념** 된장 5큰술, 고추장·고춧가루·새우 가루·다진 마늘·물엿·생강즙 1큰술씩

**한꿋 양념** 만능 국물용 된장 1컵

1. 표고버섯은 기둥을 떼고 갓만 열십자(+)로 4등분하고, 감자는 사방 1.5cm 크기로 깍둑 썬다.
2. 양파는 사방 1.5cm 크기로 썰고, 사과는 껍질을 벗겨 감자와 비슷한 크기로 썬다.
3. 애호박은 1.5cm 두께의 은행잎 모양으로 썰고, 두부는 칼 면으로 으깬 뒤 면포에 싸서 물기를 꼭 짠다.
4. 대파와 고추는 송송 썬다.
5. 냄비나 뚝배기에 식용유를 둘러 달구고 다진 쇠고기를 풀어가며 볶다가 쇠고기가 익으면 멸치 국물을 부어 끓인다.
6. 국물이 바글바글 끓으면 감자를 넣고 감자가 반 정도 익으면 양념을 모두 넣어 잘 풀고 준비한 재료를 모두 넣어 센 불에서 끓인다.
7. 약 10분 정도 끓여 모든 재료가 익으면 참기름 1큰술을 넣어 섞고 불을 끈다.

 **임성근의 한꿋!**

- 사과는 강된장의 떫은맛을 없애고 산뜻한 맛을 내죠. 또 강된장의 짠맛을 중화시킵니다.
- 새우 가루가 없을 때는 마른 새우를 곱게 다져 넣으세요.
- 두부를 으깨 넣으면 강된장의 구수한 맛이 깊어지고 짠맛이 줄어요.
- 시판 된장은 단맛이 있고 짠맛이 적은 반면 집된장은 단맛이 거의 없고 짠맛이 강하니 집된장으로 강된장을 끓일 때는 설탕을 1작은술 더 넣으세요.
- 국물이 너무 묽으면 믹서에 밥 1큰술을 물과 함께 갈아 넣고 끓이세요.
- 조리는 시간을 조절해서 밥에 넣어 비벼 먹을 용으로는 약간 묽게, 쌈용은 되직하게 만드세요.
- 쇠고기 대신 차돌박이를 다져 넣으면 감칠맛이 더 좋은 차돌 강된장이 됩니다.

간장 게장

간장 새우장

간장 게장과 동일한 레시피로 꽃게 대신 새우로 장을 담글 때는 대하 1.5kg(약 30마리)을 준비해서 내장을 빼고 깨끗이 손질한 뒤 몸통 서너 군데를 이쑤시개로 콕콕 찔러 양념에 절이세요.

# 간장 게장

**재료**
꽃게 … 6마리
무 … 6㎝
청양고추·홍고추 … 4개씩
청주 … ⅔컵
**양념** 간장 2½컵, 물 1½컵,
설탕·소주·콜라 ½컵씩, 맛술 ¼컵,
다진 마늘·다진 생강 1큰술씩,
월계수 잎 2장

1. 꽃게는 솔로 구석구석 문질러 흐르는 물에 깨끗이 씻는다.
2. 손질한 꽃게는 배를 위쪽으로 두고 청주를 골고루 뿌려(a) 30분 정도 둔다.
3. 무는 3㎝ 두께로 둥글게 썬다.
4. 고추는 꼭지를 떼고 2㎝ 길이로 썬다.
5. 양념은 모두 볼에 담아 골고루 섞는다.
6. 밀폐용기에 ②의 꽃게를 담고 무를 올려 누른다.(b)
7. 꽃게 위에 ⑤의 양념을 끼얹어 뚜껑을 덮고 냉장 보관한다(이틀 뒤부터 먹을 수 있다).
8. 이틀 뒤 간장만 따라내 한소끔 팔팔 끓이고 한 김 식힌 뒤 다시 꽃게 위에 부어 냉장 보관한다.

a

b

c

**임성근의 한끗!**

- 냉동 꽃게는 흐르는 물에 재빨리 해동해야 비린 맛이 없고 살이 없어지지 않아요.
- 꽃게에 청주를 뿌려 두면 껍질 사이로 청주가 스며 살이 단단해지고 비린 맛을 없앨 수 있어요.
- 꽃게를 무로 눌러두면 무에서 시원한 맛이 배어나와 훨씬 맛있습니다.
- 게장을 만든 이틀 후 간장을 따라 내 한소끔 팔팔 끓인 뒤 한 김 식혀 다시 붓는 과정을 3번 반복하면 훨씬 맛있는 게장 맛을 볼 수 있습니다.
- 간장 새우장을 담글 때는 새우 머리를 눌러 내장을 빼고 이쑤시개로 등쪽의 내장을 제거한 뒤 몸통 서너 군데를 콕콕 찔러(c) 양념이 잘 밸 수 있게 하세요.

자반 고등어 구이

갈치 구이

## 갈치 구이

**재료**
갈치 … 1마리
식용유 … 2큰술
청주 … 1큰술
소금 … 약간

1 갈치는 크기에 따라 4~5등분한 뒤 칼로 비늘을 긁고 가위로 지느러미를 잘라 깨끗이 씻는다.
2 ①의 갈치는 등쪽 가시와 살 사이에 칼집을 넣고 몸통에 X자로 칼집을 넣은 뒤(a) 청주를 뿌리고 소금을 약간 뿌려 밑간한다.
3 팬에 식용유를 둘러 충분히 달구고 ②의 갈치를 얹어 앞뒤로 노릇하게 굽는다.

## 자반 고등어 구이

**재료**
자반 고등어 … 1마리    쌀뜨물 … 3컵
대파 … 1대              식용유 … 4큰술
마늘 … 4쪽              소금·식초 … ½큰술씩
생강 … 2쪽

1 고등어는 꼬리와 지느러미를 자르고 반 가른 뒤 깨끗이 씻고 비늘 쪽에 X자로 칼집을 넣는다.
2 쌀뜨물에 소금과 식초를 섞고 ①의 고등어를 넣어(b) 30분간 두었다가 물기를 뺀다.
3 대파는 반 갈라 3등분하고, 마늘과 생강은 도톰하게 편으로 썬다.
4 센 불에 팬을 올리고 식용유를 두른 뒤 대파, 마늘, 생강을 올려 향을 낸 다음 ②의 자반 고등어를 올려(c) 앞뒤로 노릇하게 굽는다.

a

b

c

 **임성근의 한끗!**

- 갈치는 등쪽 가시와 살 사이에 칼집을 넣어두면 가시를 발라 먹기 편해요.
- 청주로 비린 맛을 없애고 소금으로 간을 하면 살이 단단해지고 고소한 맛이 살아나요.
- 소금과 식초를 넣은 쌀뜨물에 자반 고등어를 넣어두면 소금의 삼투압 작용으로 짠맛이 빠지고 식초로 인해 살이 단단해지며 잡내가 없어져요.

# PLUS RECIPE 1

### 새콤 채소 무침 양념

간장 200g,
굵은 고춧가루·고운 고춧가루·
매실청·물엿 50g씩,
설탕·2배 사과 식초 30g씩

1. 준비한 재료를 모두 볼에 담아 섞고 열탕 소독한 병에 담아 냉장 보관한다.

---

### 모둠 채소 무침

**재료**
쌈채소 … 100g
양파 … ½개
부추 … 5~6줄기
새콤 채소 무침 양념 … 3큰술
참기름·통깨 … 1큰술씩

1. 쌈채소는 깨끗이 씻고 물기를 말끔히 턴 뒤 먹기 좋게 자른다.
2. 양파는 얇게 채 썰고, 부추는 5cm 길이로 썬다.
3. 준비한 모든 채소를 볼에 담고 새콤 채소 무침 양념을 넣어 가볍게 버무린 뒤 마지막에 참기름과 통깨를 뿌려 마무리한다.

## 대파 무침

**재료**
대파 … 2대
새콤 채소 무침 양념 … 3큰술

1. 대파는 뿌리를 자르고 깨끗이 손질한 뒤 반 가르고 돌돌 말아 곱게 채 썬다.
2. 채 썬 대파는 찬물에 5분 정도 담가 매운 맛을 빼고 키친타월 위에 올려 물기를 뺀다.
3. ②의 대파를 볼에 담고 새콤 채소 무침 양념을 넣어 살살 버무린다.

## 얼갈이 새콤 무침

**재료**
얼갈이 … 5포기
새콤 채소 무침 양념 … 4큰술

1. 얼갈이는 밑둥을 잘라 연한 속잎만 준비해서 흙이 없도록 깨끗이 씻어 물기를 턴다.
2. 손질한 얼갈이를 볼에 담고 새콤 채소 무침 양념을 넣어 가볍게 버무린다.

 **임성근의 한끗!**

- 새콤 채소 무침 양념은 고기와 해산물 요리에 모두 잘 어울리죠. 밀폐용기에 담아 냉장 보관하면 언제든 쉽고 빠르게 생채를 만들 수 있어요.
- 새콤한 맛이 싫다면 고춧가루 5큰술, 액젓 2큰술, 다진 마늘·찹쌀풀 1큰술씩, 설탕 ⅓큰술, 다진 생강을 약간 넣으세요.

# PLUS RECIPE 2

### 간장 장아찌 양념

간장 3컵, 물 2½컵, 설탕 2컵,
식초·고추씨 1컵씩,
월계수 잎 7장

1. 분량의 재료를 모두 냄비에 넣어 팔팔 끓인 뒤 식힌다.

## 모둠 채소 장아찌

**재료**
알타리무 … 15개
청양고추 … 6개
오이·양파 … 2개씩
깻잎 … 20장
간장 장아찌 양념 … 5컵

1. 알타리무는 깨끗이 손질해서 0.3cm 폭으로 동글게 썬다.
2. 청양고추는 꼭지를 떼고 끝을 약간 자르고, 오이는 1cm 두께로 둥글게 썬다. 양파는 반으로 썬 뒤 6등분하고, 깻잎은 흐르는 물에 씻고 물기를 턴다.
3. 열탕 소독한 병에 준비한 채소를 모두 넣는다.
4. 냄비에 장아찌 양념을 부어 한소끔 팔팔 끓인 뒤 한 김 식히고 ③의 병에 부어 반나절 정도 식힌 뒤 냉장 보관하고 2~3일 정도 숙성시켰다가 먹는다.

 **임성근의 한끗!**

● 마늘, 고추, 마늘종, 케일 등 좋아하는 채소로 장아찌를 담가보세요. 간장 장아찌 양념 5컵이면 마늘은 6통, 고추는 20개, 마늘종은 1단, 케일은 60장을 담글 수 있습니다.

## 곰취 장아찌

**재료**
곰취 … 2kg
간장 장아찌 양념 … 5컵

1. 곰취는 흐르는 물에 씻고 물기를 턴 뒤 밀폐용기에 차곡차곡 담는다.
2. 냄비에 장아찌 양념을 부어 한소끔 팔팔 끓인 뒤 식히고 ①의 용기에 부어 반나절 정도 식힌 뒤 냉장 보관하고 2~3일 정도 숙성시켰다가 먹는다.

## 토마토 장아찌

**재료**
토마토(작은 것) … 15개
간장 장아찌 양념 … 5컵

1. 토마토는 단단한 것으로 준비해서 깨끗이 씻어 꼭지를 떼고 열탕 소독한 병에 담는다.
2. 냄비에 장아찌 양념을 부어 한소끔 팔팔 끓인 뒤 뜨거울 때 ①의 병에 붓고 2~3시간 정도 식힌 뒤 냉장 보관 후 2~3일 정도 숙성시켰다가 먹는다.

# PLUS RECIPE 3

### 멸치 고추 볶음 양념

청양고추 20개,
풋고추 20개, 홍고추 5개,
잔멸치(또는 중멸치) 1줌,
액젓 7큰술, 참기름·통깨·
식용유 4큰술씩, 설탕 1큰술

1. 고추는 반 갈라 잘게 썬다.
2. 잔멸치는 체에 밭쳐 가루를 털고 기름 없는 팬에 3분 정도 바삭하게 볶는다(중멸치는 머리와 내장을 제거하고 반 갈라 기름 없는 팬에 바삭하게 볶는다).
3. 깊이가 있는 팬에 식용유를 넣어 달군 뒤 다진 고추를 넣어 센 불에서 2~3분 정도 볶는다.
4. ③에 설탕과 액젓을 넣어 고추에 양념이 스며들 정도로 2분 정도 볶는다.
5. 팬에 수분이 거의 없어지면 멸치와 홍고추를 넣고 재료가 골고루 섞이도록 볶은 다음 참기름과 통깨를 넣어 마무리한다.

## 멸치 고추 깻잎찜

**재료**
깻잎·멸치 고추 볶음 양념 … 적당량씩

1  깻잎 1~2장에 멸치 고추 볶음 양념 ⅓큰술을 펴 올리면서 켜켜이 쌓는다.
2  냄비에 ①을 넣고 약불로 5분 정도 찐다.

 **임성근의 한끗!**

- 멸치 고추 볶음 양념은 입맛 없을 때 밥에 비벼 먹으면 입맛을 돌게 하는 밥도둑이죠.
- 쇠고기 뭇국이나 설렁탕 등의 맑은 국을 매콤하게 즐기고 싶을 때는 멸치 고추 볶음 양념을 기호에 따라 ½~1큰술 정도 넣으세요. 순댓국을 매콤하게 먹고 싶을 때 넣어도 맛있어요.
- 잔치 국수나 비빔국수에 넣어도 맛있고, 칼국수를 칼칼하게 즐기고 싶을 때도 잘 어울립니다.

밥이 술술
넘어가는
국물 요리

재료의 맛이 고스란히 스며들어 있는 국물 요리는 집밥에 빠질 수 없는
감초이니 제대로 맛을 내야죠.
아침에 먹어도 속이 편안한 맑은 국, 건더기 듬뿍 건져 밥 위에 올려 먹는
맛깔스러운 찌개, 하루의 피로를 풀어주는 얼큰하고 시원한 탕, 끓이면서
여럿이 나눠 먹기 좋은 전골, 기분까지 시원해지는 감칠맛 좋은 냉국,
만능 국수 국물로 만들 수 있는 여러 가지 면 요리.

# 쇠고기 뭇국

**재료**
쇠고기(양지머리, 국거리용) … 300g
무 … ¼개
대파 … ½대
멸치 국물 … 6컵
참기름 … 1큰술
**양념** 국간장 2큰술, 다진 마늘 1큰술,
생강즙 ½작은술, 소금 약간

1. 쇠고기는 찬물에 30분 정도 담가 핏물을 뺀다.
2. 무는 껍질을 벗기고 사방 3.5㎝ 크기로 도톰하게 나박 썬다.
3. 대파는 반 갈라 5㎝ 길이로 썬다.
4. 냄비를 중불에 올려 ①의 쇠고기를 넣고 참기름을 둘러 달달 볶다가 쇠고기 표면이 익으면 무를 넣고 무 표면이 투명해질 때까지 볶는다. (a)
5. ④에 멸치 국물을 붓고 국간장을 넣은 뒤 센 불에서 팔팔 끓인다.
6. ⑤를 20분 정도 끓여 국물이 ⅓ 정도 줄면 다진 마늘과 대파, 생강즙을 넣고 모자라는 간은 소금으로 맞춘 다음 한소끔 끓인다.

a

 **임성근의 한끗!**

- 뭇국을 끓일 때 고기를 볶아서 끓이면 고기 표면이 익으면서 육즙을 가둬 국물이 지저분해지지 않아요. 또한 무도 볶으면 쓴맛이 없어지고 단맛이 배가 돼서 감칠맛이 좋아집니다.
- 참기름은 발열점이 낮아 가열하면 타면서 발암물질이 발생할 수 있으니 쇠고기를 볶을 때 참기름을 미리 냄비에 넣고 가열하지 않는 게 좋아요.
- 생강즙은 쇠고기의 잡내를 없애고 국물 맛을 깔끔하게 해요.

# 얼큰 쇠고기 콩나물 뭇국

**재료**
쇠고기(양지머리, 국거리용) … 300g
무 … ¼개
콩나물 … 2줌
대파 … ½대
멸치 국물 … 6컵
**양념** 고춧가루 2큰술,
다진 마늘·국간장·된장 1큰술씩,
후춧가루 1작은술

**한꿋 양념** 만능 맛가루 4큰술,
된장 ½큰술

1 쇠고기는 찬물에 30분 정도 담가 핏물을 뺀다.
2 무는 껍질을 벗기고 사방 3.5cm 크기로 도톰하게 나박 썬다.
3 콩나물은 껍질이 없도록 깨끗이 씻어서 체에 밭쳐 물기를 빼고, 대파는 반 갈라 5cm 길이로 썬다.
4 냄비를 중불에 올려 ①의 쇠고기를 볶다가 표면이 익으면 무를 넣고 무 표면이 투명해질 때까지 볶은 다음 분량의 멸치 국물을 부어 센 불에서 끓인다.
5 국물을 ½컵 정도 덜어서 양념 재료를 넣어 풀고 냄비에 다시 부어 약 15분간 팔팔 끓인 뒤 콩나물을 넣는다.
6 5분 정도 끓이다가 대파를 넣고 한소끔 끓인 뒤 불을 끈다.

 **임성근의 한꿋!**

- 고춧가루를 국물에 그냥 넣으면 고춧가루 풋내가 날 수 있으니 끓고 있는 국물을 덜어서 고춧가루를 개어 넣으세요.
- 국간장 대신 새우젓으로 간을 해도 개운해요.

SO SIMPLE

# 북엇국

**재료**
북어 포 … 1마리
무 … ¼개
콩나물 … 1줌
대파 … ½대
홍고추 … 1개
멸치 국물 … 5컵
식용유 … 1큰술
**양념** 다진 마늘·국간장·새우젓 1큰술씩, 소금 약간

1  북어 포는 흐르는 물에 씻어 물기를 짠 뒤 가위로 머리와 꼬리, 지느러미를 자르고 (a) 가시를 발라낸다.
2  ①의 북어는 석쇠에 올려 양쪽을 1분씩 구운 뒤 (b) 가위로 한 입 크기로 자른다. (c)
3  무는 껍질을 벗기고 사방 3.5㎝ 크기로 도톰하게 나박 썬다.
4  콩나물은 깨끗이 손질하고, 대파와 홍고추는 송송 썬다.
5  냄비에 식용유를 두르고 무를 먼저 볶다가 무 표면이 투명해지면 멸치 국물을 부어 센 불에서 한소끔 끓이고 북어를 넣어 10분간 끓인다.
6  ⑤에 콩나물과 다진 마늘, 대파, 홍고추를 넣고 국간장과 새우젓으로 간을 한 뒤 모자라는 간은 소금으로 맞추고 5분 정도 더 끓인다.

a

b

c

 임성근의 한끗!

- 북어를 불에 구워서 끓여야 특유의 비린 맛은 없어지고 구수한 맛은 살릴 수 있어요.
- 무를 먼저 볶아 국을 끓이면 무가 잘 부서지지 않아요.
- 기호에 따라 달걀과 두부를 넣어도 맛이 좋아요. 두부는 콩나물과 함께 넣고, 달걀은 불을 끄기 바로 전에 풀어 넣고 30초 정도만 더 끓이세요.

얼큰 콩나물국

냉 콩나물국

시원하고 깔끔한 냉 콩나물국을 끓일 때는 얼큰 콩나물국 레시피에서 고춧가루를 빼고 새우젓 대신 굵은 소금 2큰술로 간을 하세요. 다 끓인 뒤 콩나물과 국물을 따로 냉장 보관했다가 먹기 직전에 섞어서 내면 콩나물을 한층 아삭하게 먹을 수 있어요.

# 얼큰 콩나물국

**재료**
콩나물 … 300g
대파 … 1대
청양고추 … 1개
홍고추 … ⅓개
멸치 국물 … 6컵
**양념** 고춧가루·새우젓 2큰술씩,
다진 마늘 1큰술, 소금 약간

**한꿋 양념** 만능 맛가루 4큰술,
새우젓·다진 마늘 1큰술씩

1. 콩나물은 껍질이 없도록 깨끗이 씻고 체에 밭쳐 물기를 제거한다.
2. 대파는 송송 썰고, 고추는 어슷 썬다.
3. 냄비에 멸치 국물을 붓고 콩나물을 넣어 뚜껑을 연 채로 센 불에서 10분간 끓인다.
4. ③의 국물을 ½컵 정도 덜어 고춧가루를 풀어 다시 냄비에 붓고 새우젓과 다진 마늘, 대파, 고추를 넣어 5분간 더 끓이고 모자라는 간은 소금으로 한다.

 **임성근의 한꿋!**

- 콩나물은 길이가 짧고 잔뿌리가 없는 것이 좋아요.
- 뚜껑을 덮고 콩나물을 익힐 때는 중간에 뚜껑을 열지 마세요. 콩나물이 덜 익었을 때 뚜껑을 열면 콩나물에서 비린내가 날 수 있어요.
- 고춧가루를 국물에 그냥 넣으면 고춧가루 풋내가 날 수 있으니 끓고 있는 국물을 덜어서 고춧가루를 개어 넣으세요.

# 얼큰 오징어 콩나물국

**재료**
오징어 … 1마리
콩나물 … 2줌
대파 … 1대
청양고추 … 3개
멸치 국물 … 5컵
다진 마늘 … 1큰술
**양념** 고춧가루 2큰술,
된장·새우젓 1큰술씩

**한꿋 양념** 만능 맛가루 3큰술,
된장 1큰술, 새우젓 ½큰술

1. 오징어는 다리를 잡아당겨 내장을 빼서 잘라버리고 깨끗이 씻는다. 몸통은 반 갈라 껍질을 벗기고 안쪽에 사선으로 칼집을 넣은 뒤 1㎝ 폭으로 썰고,<sup>(a)</sup> 다리는 1개씩 자르고 긴 것은 반으로 썬다.
2. 콩나물은 깨끗이 손질해서 씻은 뒤 체에 받쳐 물기를 뺀다.
3. 대파는 송송 썰고, 청양고추는 어슷 썬다.
4. 냄비에 멸치 국물을 붓고 양념을 푼 뒤 국물이 끓어오르면 콩나물과 오징어, 다진 마늘을 넣고 5분 정도 끓인다.
5. 간을 봐서 모자라는 간은 새우젓(또는 맛가루)으로 맞추고 대파와 청양고추를 넣어 한소끔 끓인다.

a

 임성근의 한꿋!

- 오징어는 오래 끓이면 단단해지고 질겨지니 오징어를 넣은 뒤 5~6분 정도만 끓이세요.
- 바지락에 살이 오르고 맛이 좋은 5~6월에는 바지락을 10개 정도 넣으면 국물이 더 시원해요. 바지락은 멸치 국물과 함께 냄비에 넣고 끓이세요.

# 배추 된장국

**재료**
알배추 … 1통(300g)
두부 … ½모
바지락 … 10개
대파 … 1대
청양고추·홍고추 … 1개씩
멸치 국물 … 7컵
**양념** 된장·다진 마늘·새우젓 1큰술씩

**한꿋 양념** 만능 국물용 된장 2큰술, 새우젓 1큰술

1. 알배추는 한 잎씩 떼서 길게 4~5등분하고 4cm 길이로 썬다. (a)
2. 두부는 한 입 크기로 깍둑 썰고, 바지락은 옅은 소금물에 3시간 이상 담가 해감을 토하게 한 뒤 깨끗이 씻는다.
3. 대파와 고추는 송송 썬다.
4. 냄비에 멸치 국물을 붓고 바지락을 넣은 뒤 끓으면 된장을 체에 풀어 넣고 배추를 넣어 10분간 끓인다.
5. ④에 나머지 양념과 두부, 대파, 청양고추를 넣고 5분간 더 끓인다.

a

 **임성근의 한꿋!**

- 배추 된장국에 바지락이나 마른 새우를 넣으면 감칠맛이 더 좋아져요. 마른 새우는 멸치 국물이 끓을 때 넣으세요.
- 배춧국에 쇠고기를 넣으면 국물 맛은 물론 영양이 더 좋아지죠. 쇠고기는 국거리로 150g 정도 준비해서 볶다가 멸치 국물을 부어 끓이면 됩니다.
- 날콩가루를 배추에 묻혀 끓이면 담백하고 구수한 국물 맛이 깊어집니다.

# 바지락 시금치 된장국

**재료**
시금치 … 400g
바지락 … 1봉지
대파 … 1대
청양고추·홍고추 … 1개씩
쌀뜨물 … 5컵
소금 … 약간
**양념** 액젓 2큰술,
된장·고추장 1큰술씩, 다진 마늘 ½큰술

**한끗 양념** 만능 국물용 된장 3큰술,
액젓 2큰술

1. 시금치는 흙이 없도록 깨끗이 씻고 소금을 약간 넣은 끓는 물에 30초간 데친 뒤 찬물에 헹구고 긴 것은 반 자른다.
2. 바지락은 옅은 소금물에 3시간 이상 담가 해감을 토하게 한 뒤 흐르는 물에 문질러 깨끗이 씻는다.
3. 대파와 고추는 송송 썬다.
4. 냄비에 쌀뜨물을 붓고 바지락을 넣은 뒤 된장과 고추장을 체에 밭쳐 풀어 넣고 끓인다.
5. ④의 국물이 끓으면 시금치와 나머지 양념을 넣어 3분 정도 끓이고 대파와 고추를 넣고 3분 정도 더 끓인다.

 **임성근의 한끗!**

- 대부분의 시금치는 데치지 않으면 풋내가 나고 색이 빠져 국물이 탁해져요. 하지만 겨울의 노지 시금치는 단맛이 많으니 데치지 않고 국을 끓여야 음식 맛이 더 좋아요.
- 쌀을 처음 헹군 물은 이물질과 전분기가 많으니 버리고 2~3번째 헹군 물로 쌀뜨물을 준비하세요.
- 바지락이 없을 때는 쌀뜨물 대신 멸치 국물을 넣어야 국물 맛이 좋아요.
- 바지락을 넣고 2분 정도 끓여 살만 발라 내서 다시 국물에 넣어 끓이면 먹기 편합니다.
- 냉이나 아욱 등을 넣는 다른 된장국도 시금치 된장국과 같은 방법으로 끓이면 됩니다.

# 시래기 들깨 해장국

**재료**
쇠고기(양지머리) … 200g
삶은 시래기 … 100g
무 … 3㎝
대파 … 1대
청양고추 … 2개
홍고추 … 1개
물 … 10컵
거피 들깨가루 … 3큰술
설탕 … 1큰술
**양념** 고춧가루·액젓·된장 2큰술씩,
다진 마늘 1큰술, 생강즙 1작은술

**한끗 양념** 만능 차돌박이 고추기름 4큰술,
액젓 1큰술

1. 쇠고기는 한 입 크기로 썰고 설탕을 넣은 찬물에 30분 정도 담가 핏물을 뺀다.
2. 삶은 시래기는 물기를 짜고 줄기의 껍질을 벗겨 먹기 좋은 길이로 썬 뒤 양념을 넣어 조물조물 무친다.
3. 무는 사방 3㎝ 크기로 도톰하게 나박 썰고, 대파와 고추는 어슷하게 썬다.
4. 냄비에 물을 붓고 양념한 시래기와 쇠고기, 무를 넣고 국물이 ⅓ 정도 줄어들 때까지 약 20분간 센 불에서 끓인다.
5. ④에 다진 마늘을 넣고 중불로 줄여 15분간 더 끓여 시래기가 부드럽게 익으면 들깨가루와 대파, 고추를 넣고 한소끔 끓인다.

 **임성근의 한끗!**

- 말린 무청을 시래기라고 하는데, 시래기는 초록색을 띠는 것이 좋아요. 시래기는 바로 삶으면 부스러지기 쉬우니 따뜻한 물에 2시간 정도 불리고 끓는 물에 1시간 정도 푹 삶은 뒤 물이 식을 때까지 그냥 두었다가 찬물에 헹구고 줄기 부분의 껍질을 벗겨야 부드럽게 먹을 수 있어요. 시래기 손질이 어려우면 삶은 시래기를 구입하세요.
- 쇠고기 핏물을 뺄 때 설탕을 넣으면 연육작용으로 고기가 부드러워지고 핏물도 잘 빠져요. 쇠고기의 핏물을 뺄 시간이 없을 때는 쇠고기를 볶다가 물을 부어 끓이세요. 그래야 쇠고기의 표면이 익으면서 육즙을 가둬 국물이 지저분해지지 않아요.
- 기호에 따라 들깨가루는 빼도 됩니다.

바지락 된장찌개

바지락 된장찌개 재료에 차돌박이 100g을 더 준비해서 끓이면 차돌 된장찌개가 돼요. 바지락은 빼도 됩니다. 채소가 다 익은 뒤 차돌박이를 넣고 2분 정도 더 끓이세요.

차돌 된장찌개

## 바지락 된장찌개

**재료**
바지락 … 10~12개
두부 … ¼모
표고버섯 … 2개
감자 … 1개
양파 … ½개
애호박 … ⅓개
대파 … 10cm
청양고추 … 3개
멸치 국물 … 3컵
소금 … 약간
**양념** 된장 3큰술,
청국장·고춧가루 1큰술씩,
생강즙 1작은술, 설탕 ½작은술

**한끗 양념** 만능 국물용 된장 3큰술,
청국장 1큰술, 생강즙 1작은술

1. 바지락은 옅은 소금물에 3시간 이상 담가 해감을 토하게 한 뒤 흐르는 물에 바락바락 문질러 씻는다.
2. 두부는 한 입 크기로 깍둑 썰고, 표고버섯은 기둥을 떼서 기둥은 쭉쭉 찢고 갓은 6등분한다. (a)
3. 감자는 사방 1.5cm 크기로 깍둑 썰고, 양파는 6등분으로 깍둑 썬다. 애호박은 도톰하게 반달썰기 하고, 대파와 청양고추는 도톰하게 송송 썬다. (b)
4. 냄비에 멸치 국물을 붓고 된장과 청국장을 푼 뒤 나머지 양념을 넣고 두부를 제외한 모든 재료를 함께 넣어 끓인다.
5. 찌개가 약간 걸쭉해지고 감자가 익으면 두부를 넣어 한소끔 끓인다.

 **임성근의 한끗!**

- 멸치 국물 대신 쌀뜨물을 넣으면 구수한 맛을 살릴 수 있어요.
- 된장찌개에 다진 마늘을 넣으면 된장의 구수한 맛이 줄어드니 다진 마늘은 넣지 마세요.
- 설탕과 생강즙은 된장의 쓴맛을 없애요. 특히 설탕은 된장의 짠맛을 줄이고 감칠맛을 살리죠.
- 새우, 꽃게, 조개 등의 해물을 넣어 된장찌개를 끓일 때는 꽃게는 1마리, 새우는 4마리, 모시조개는 5~6개를 준비해서 국물이 팔팔 끓을 때 해물을 넣으세요.

돼지고기 김치찌개

돼지고기 대신 통조림 꽁치를 넣어도 맛있어요. 돼지고기 김치찌개 분량대로 꽁치 김치찌개를 끓인다면 김치와 양념을 먼저 볶다가 국물을 부어 끓이세요. 국물이 팔팔 끓을 때 통조림 꽁치 1캔(400g) 분량을 넣으세요.

꽁치 김치찌개

## 돼지고기 김치찌개

**재료**
배추김치 … ¼포기
돼지고기(앞다리 살) … 200g
대파 … 1대
청양고추 … 2개
멸치 국물 … 3컵
식용유 … 2큰술
액젓 … 1~2큰술
**양념** 고춧가루 2큰술, 다진 마늘 1큰술, 설탕 1작은술, 후춧가루 약간

**한꿋 양념** 만능 맛가루 4큰술, 설탕 1작은술

1. 배추김치는 먹기 좋은 크기로 썰고, 돼지고기는 한 입 크기로 썬다.
2. 대파는 반 갈라 5㎝ 길이로 썰고, 청양고추는 반으로 길게 갈라 길이를 반 자른다.
3. 냄비에 식용유를 두르고 배추김치와 돼지고기, 양념을 넣어 달달 볶는다.
4. 돼지고기가 반 정도 익으면 멸치 국물을 붓고 센 불에서 푹 끓인다.
5. 국물이 반 정도 줄면 간을 봐서 부족한 간은 액젓(또는 만능 맛가루)으로 맞추고 대파와 청양고추를 넣어 한소끔 끓인다.

 임성근의 한꿋!

- **돼지고기와 김치를 먼저 볶다가** 끓여야 양념이 겉돌지 않고 깊은 맛이 나요.
- 돼지고기 대신 통조림 참치를 넣어 끓여도 맛있습니다.

## 돼지고기 감자 고추장찌개

**재료**
돼지고기(앞다리 살) … 200g
감자 … 2개
양파 … ½개
애호박 … ¼개
대파 … 1대
청양고추 … 3개
식용유 … 1큰술
멸치 국물 … 3컵
**양념** 고추장·고춧가루·청주 2큰술씩,
다진 마늘·새우젓 1큰술씩,
생강즙·설탕·된장 1작은술씩,
후춧가루 약간

**한끗 양념** 만능 맛가루 3큰술,
청주 2큰술, 새우젓·고추장 1큰술씩,
생강즙·된장 1작은술씩

1. 돼지고기는 한 입 크기로 썰고, 감자는 한 입 크기로 깍둑 썬다.
2. 양파는 가로로 반 잘라 3등분하고, 애호박은 양파와 비슷한 크기로 깍둑 썬다.
3. 대파는 반 갈라 3㎝ 길이로 썰고, 청양고추는 1㎝ 길이로 송송 썬다.
4. 냄비에 식용유를 둘러 달군 뒤 돼지고기를 넣어 볶다가 돼지고기의 구수한 맛과 향이 올라오면서 익으면 멸치 국물을 부어 끓인다.
5. 국물이 끓으면 감자를 넣고 양념을 넣어 잘 풀고 센 불에서 10분 정도 끓인다.
6. 감자가 익으면 양파, 애호박, 대파, 청양고추를 넣고 채소가 익을 때까지 끓인다.

 **임성근의 한끗!**

- 고추장찌개에 된장을 약간 넣으면 감칠맛이 좋아지고, 양파를 넣으면 달짝지근한 맛을 내 깊은 맛이 더해집니다.
- 기호에 따라 양파의 양을 늘릴 때는 설탕의 양을 줄이세요.

# 바지락 순두부찌개

**재료**
순두부 … 1봉지(200g)
달걀 … 2개
바지락 … 10개
양파 … ½개
애호박 … ¼개
대파 … ½대
청양고추 … 2개
멸치 국물 … 2컵
**양념** 고춧가루·새우젓·참기름 2큰술씩, 다진 마늘 1큰술, 후춧가루 약간

**한꿋 양념** 만능 차돌박이 고추기름 3큰술

1. 바지락은 옅은 소금물에 3시간 이상 담가 해감을 토하게 한 뒤 흐르는 물에 바락바락 문질러 씻는다.
2. 양파는 가로로 반 갈라 3등분하고, 애호박은 은행잎 모양으로 도톰하게 썬다.
3. 대파와 고추는 1cm 길이로 송송 썬다.
4. 냄비에 참기름을 두르고 약한 불에서 고춧가루를 볶다가 순두부를 숟가락으로 뚝뚝 떠 넣고 바지락을 넣은 뒤 멸치 국물과 나머지 양념을 넣어 센 불에서 끓인다.
4-1. 냄비에 만능 차돌박이 고추기름을 볶다가 순두부를 숟가락으로 뚝뚝 떠 넣고 바지락을 넣은 뒤 멸치 국물을 부어 센 불에서 끓인다.
5. ④의 국물이 끓으면 ②~③의 손질한 채소를 넣어 채소가 익고 조개 입이 벌어지면 달걀을 가만히 깨뜨려 넣고 불을 끈다.

 임성근의 한꿋!

- 순두부와 바지락을 먼저 넣고 국물을 부어야 국물의 양을 맞출 수 있어요. 국물은 냄비의 70% 정도만 넣어야 넘치지 않아요.
- 고춧가루는 볶은 뒤 조리해야 고춧가루의 풋내가 나지 않고 먹음직스럽게 고추기름이 생겨요.

## 참치 얼큰 찌개

**재료**
통조림 참치 … 1캔(250g)
애호박·양파 … ½개씩
대파 … 1대
청양고추 … 2개
멸치 국물 … 2컵
**양념** 고춧가루·액젓 2큰술씩,
다진 마늘 ½큰술, 후춧가루 약간

**한끗 양념** 만능 차돌박이 고추기름 4큰술

1. 통조림 참치는 체에 밭쳐 기름을 빼고 뜨거운 물을 끼얹어 기름기를 제거한다.
2. 애호박은 도톰하게 반달썰기 하고, 양파는 1cm 폭으로 도톰하게 채 썬다.
3. 대파는 반 갈라 5cm 길이로 썰고, 청양고추는 어슷 썬다.
4. 냄비에 멸치 국물을 붓고 양념을 넣어 센 불에서 끓인다. 국물이 끓으면 애호박과 양파, 통조림 참치를 넣어 끓인다.
5. 애호박과 양파가 익으면 대파와 청양고추를 넣어 한소끔 끓인 뒤 불을 끈다.

 **임성근의 한끗!**

- 참치는 기름기를 빼야 국물이 깔끔하고 시원해요.
- 감자를 1개 정도 반달 모양으로 썰어 넣어도 되고, 불린 당면이나 수제비를 떠 넣어도 맛있어요.

# 섞어찌개

**재료**
다진 돼지고기 … 100g
프랑크 소시지 … 2개
우동 사리 … 1개
오징어 … 1마리
두부 … ¼모
콩나물 … 1줌
배춧잎 … 3장
쑥갓 … 3줄기
대파 … ½대
멸치 국물 … 3컵
국간장(또는 만능 맛가루)·
후춧가루 약간씩
**양념** 고추장·고춧가루·국간장 2큰술씩,
설탕·다진 마늘 1큰술씩,
후춧가루 1작은술

**한꼇 양념** 만능 맛가루 2큰술,
고추장·국간장 1큰술씩, 설탕 1작은술

1. 다진 돼지고기에 양념을 넣어 조물조물 버무리고, 프랑크 소시지는 어슷 썬다.
2. 오징어는 다리를 잡아당겨 내장을 빼서 잘라버리고 깨끗이 씻은 뒤 몸통은 반 갈라 껍질을 벗겨 1×6㎝ 크기로 썰고, 다리는 1개씩 잘라 긴 것은 반으로 썬다.
3. 두부는 한 입 크기로 도톰하게 썰고, 콩나물은 껍질을 제거하고 깨끗이 씻는다.
4. 배추와 쑥갓은 6㎝ 길이로 썰고, 대파는 반 갈라 5㎝ 길이로 썬다.
5. 냄비에 양념한 돼지고기, 두부, 채소를 넣고 멸치 국물을 부어 끓인다.
6. 재료가 익고 국물에 맛이 충분히 우러나면 오징어와 우동 사리를 넣어 끓이고 우동이 익으면 모자라는 간은 국간장(또는 만능 맛가루)으로 맞춘 뒤 후춧가루를 약간 넣어 잠시만 더 끓인다.

 임성근의 한꼇!

- 다진 돼지고기에 먼저 양념을 하면 고기가 한결 부드럽고 식감이 좋아요.
- 다진 돼지고기 대신 삼겹살이나 베이컨을 넣어도 맛있어요.
- 기호에 따라 떡국 떡이나 햄을 넣어도 잘 어울려요.

# 부대찌개

**재료**
라면 사리 … 1개
묵은지(또는 신 김치) … ½컵
통조림 햄(고염) … 1캔(340g)
베이컨 … 3줄
프랑크 소시지(고염) … 3개
두부 … ⅓모
콩나물 … 2줌
쑥갓 … 3줄기
대파 … 1대
쌀뜨물 … 4컵
통조림 콩 … 4큰술
**양념** 소주 3큰술,
다진 마늘·고추장·고춧가루 2큰술씩,
설탕·후춧가루 ½작은술씩

**한끗 양념** 만능 맛가루·소주 3큰술씩,
설탕 1작은술

1  묵은지는 한 입 크기로 썰고, 햄은 0.5㎝ 두께의 사방 3㎝ 크기로 썬다.
2  베이컨은 길이를 4등분하고, 소시지는 어슷하게 썬다.
3  두부는 1㎝ 두께로 썰고, 콩나물은 껍질이 없도록 깨끗이 씻는다.
4  쑥갓은 굵은 줄기를 잘라내고, 대파는 10㎝ 길이로 썬 뒤 반 갈라 가늘게 채 썬다.
5  분량의 재료를 섞어 양념장을 만든다.
6  전골냄비에 ①~③의 손질한 재료와 통조림 콩을 빙 둘러 담고 가운데 양념장을 ⅔만 얹은 뒤 쌀뜨물을 부어 센 불에서 팔팔 끓인다.
7  국물에 재료의 맛이 잘 어우러지면 간을 봐서 양념장을 첨가하고 라면 사리를 넣어 4~5분 정도 더 끓인 뒤 불을 끄기 직전에 대파 채와 쑥갓을 올린다.

 **임성근의 한끗!**

- 끓일수록 햄과 소시지에서 짠맛이 우러나오니 처음에는 양념장을 ⅔ 정도만 넣어 간을 조금 싱거운 듯하게 하세요. 그리고 끓이면서 간을 보고 양념장을 첨가하는 게 좋습니다.
- 햄과 소시지는 제품의 염도(나트륨 함량) 표시를 확인해서 고염 제품으로 사용해야 국물 맛이 좋아요.
- 쌀뜨물을 사용하면 국물이 훨씬 구수해요.

# 고등어 시래기찌개

**재료**
통조림 고등어 … 1캔(400g)
삶은 시래기 … 200g
대파 … 1대
청양고추 … 2개
홍고추 … 1개
다진 마늘 … 1큰술
표고 다시마 국물 … 2컵
**양념** 고춧가루·액젓·된장 2큰술씩,
들기름 1큰술, 생강즙·설탕 1작은술씩

**한끗 양념** 만능 맛가루 3큰술,
된장·액젓·들기름 1큰술씩,
설탕 1작은술

1. 통조림 고등어는 국물은 따라 버리고 건더기만 따로 둔다.
2. 삶은 시래기는 물기를 짜고 줄기의 껍질을 벗겨 7㎝ 길이로 썬 다음 양념을 넣어 조물조물 무친다.
3. 대파는 반 갈라 5㎝ 길이로 썰고, 고추는 어슷 썬다.
4. 뚝배기나 냄비에 양념한 시래기를 깔고 통조림 고등어를 올린 뒤 (a) 표고 다시마 국물을 자작하게 부어 끓인다.
5. 시래기가 부드럽게 익으면 다진 마늘, 대파, 고추를 넣고 한소끔 더 끓인다.

a

 **임성근의 한끗!**

- 말린 무청을 시래기라고 하는데, 시래기는 초록색을 띠는 것이 좋아요. 시래기는 바로 삶으면 부스러지기 쉬우니 따뜻한 물에 2시간 정도 불리고 끓는 물에 1시간 정도 푹 삶은 뒤 물이 식을 때까지 그냥 두었다가 찬물에 헹구고 줄기 부분의 껍질을 벗겨야 부드럽게 먹을 수 있어요. 시래기 손질이 어려우면 삶은 시래기를 구입하세요.
- 시래기는 손질 후 물기를 꼭 짜서 미리 양념해 두면 시래기에 간이 배어서 한층 맛있어요.

# 얼큰 어묵탕

**재료**
사각 어묵 … 4장
무 … 6㎝
쑥갓 … 3줄기
대파 … 1대
청양고추 … 2개
홍고추 … 1개
멸치 국물 … 5컵
**양념** 고춧가루·청주 2큰술씩,
다진 마늘·국간장 1큰술씩,
소금·후춧가루 약간씩

**한끗 양념** 만능 맛가루 3큰술

1 어묵은 먹기 좋은 크기로 썬다.
2 무는 사방 3㎝ 크기로 도톰하게 나박 썰고, 쑥갓은 굵은 줄기를 잘라낸다.
3 대파는 반 갈라 5㎝ 길이로 썰고, 고추는 어슷 썬다.
4 냄비에 멸치 국물을 붓고 무를 넣은 뒤 양념을 풀어 끓인다.
5 무가 거의 익으면 준비한 어묵과 대파, 고추를 넣고 중불로 줄여 어묵에 간이 배도록 5분 정도 끓이고 쑥갓을 올린 뒤 불을 끈다.

 **임성근의 한끗!**

- 어묵에 어느 정도 간이 돼 있으므로 처음에는 간을 심심하게 하고 다 끓으면 간을 맞추세요.
- 고추냉이를 넣은 초간장에 건더기를 찍어 먹으면 개운하고 깔끔해요. 간장과 식초는 2큰술씩 넣고 설탕을 1큰술 섞은 다음 고추냉이는 기호에 따라 넣으세요.

## 꽃게탕

**재료**
꽃게 … 3마리
두부 … ⅓모
애호박 … ⅓개
무 … 3cm
쑥갓 … 5줄기
대파 … ½대
청양고추·홍고추 … 2개씩
멸치 국물 … 4컵
새우젓 … 약간
**양념** 고춧가루·청주 3큰술씩,
액젓 2큰술, 된장·다진 마늘 1큰술씩,
설탕 ½큰술, 생강즙 1작은술

**한꿋 양념** 만능 맛가루 4큰술,
된장·액젓 1큰술씩

1. 꽃게는 흐르는 물에서 솔로 구석구석 문질러 깨끗이 씻고 배 쪽의 삼각형 모양 껍데기를 들어 올려 등딱지를 분리한 뒤 아가미를 뜯어내고 2등분한다. 다리는 끝 1마디를 잘라낸다.
2. 두부는 도톰하게 나박 썰고, 애호박은 도톰하게 반달썰기 한다.
3. 무는 사방 3cm 크기로 나박 썰고, 쑥갓은 굵고 억센 줄기를 잘라낸다.
4. 대파는 반 갈라 5cm 길이로 썰고, 청양고추는 어슷 썬다.
5. 냄비에 멸치 국물을 붓고 무를 넣어 중불에서 끓이다가 국물이 팔팔 끓으면 꽃게와 양념을 넣어 한소끔 더 끓인다.
6. 무와 꽃게가 거의 익으면 두부와 애호박을 넣고 애호박이 익으면 간을 봐서 모자라는 간은 새우젓으로 맞추고 쑥갓과 대파, 고추를 넣고 1분 정도 끓인 뒤 불을 끈다.

 **임성근의 한꿋!**

- 살아 있는 꽃게를 손질할 때는 집게 다리를 먼저 가위로 잘라낸 뒤 손질해야 안전합니다.
- 양념에 설탕을 넣으면 국물의 씁쓸한 맛을 없애고 감칠맛을 살려요.
- 끓이는 중간중간 뜨는 거품은 걷어내야 국물이 깔끔해요.

# 동태탕

**재료**
동태(큰 것) … 1마리
콩나물 … 1줌
두부 … ⅓모
무 … 4㎝
배춧잎 … 1장
팽이버섯 … 1줌
쑥갓 … 5줄기
대파 … ½대
청양고추·홍고추 … 1개씩
멸치 국물 … 4컵
**양념** 고추장·고춧가루 2큰술씩,
된장·액젓·다진 마늘 1큰술씩,
생강즙 1작은술, 후춧가루·설탕 약간씩

**한끗 양념** 만능 맛가루 3큰술,
된장·액젓 1큰술씩, 설탕 약간

1. 동태는 비늘을 긁고 지느러미를 자른 뒤 물에 헹궈 4㎝ 길이로 토막 낸다.
2. 콩나물은 깨끗이 씻고, 두부는 도톰하게 나박 썬다.
3. 무는 사방 4㎝ 크기로 나박 썰고, 배추는 4㎝ 길이로 썬다.
4. 팽이버섯은 밑둥을 자르고, 쑥갓은 굵은 줄기를 잘라낸다.
5. 대파와 고추는 어슷 썬다.
6. 냄비에 멸치 국물을 붓고 무를 넣은 뒤 양념을 풀어 센 불에서 끓인다.
7. 무가 거의 익으면 동태와 콩나물, 배추를 넣어 끓인다.
8. 동태가 익으면 두부와 대파와 고추, 팽이버섯을 넣고 한소끔 끓인 뒤 쑥갓을 올리고 불을 끈다.

 **임성근의 한끗!**

- 생선찌개를 끓일 때 처음부터 생선을 넣으면 생선살이 부서질 수 있으니 무가 익을 때쯤 넣고 끓이는 게 좋아요.
- 위와 같은 레시피로 동태 대신 생태나 코다리로 매운탕을 끓여도 됩니다.

# 대구 맑은 탕

**재료**
대구 … 1마리
무 … 4㎝
배춧잎 … 3장
미나리 … ½줌
대파 … 1대
청양고추 … 2개
홍고추 … 1개
멸치 국물 … 4컵
소금 약간
**양념** 청주 3큰술,
다진 마늘·소금 1큰술씩,
생강즙 1작은술
**초간장** 간장·식초 2큰술씩,
설탕 1큰술, 고추냉이 약간

1. 대구는 꼬리와 지느러미를 자르고 배 안쪽에 검은 피막을 제거해 깨끗이 씻은 다음 5㎝ 길이로 토막 낸다.
2. ①의 대구는 소금물(물:소금=12:1)에 2시간 정도 담가둔다.
3. 무는 사방 4㎝ 크기로 나박 썰고, 배춧잎은 4㎝ 길이로 썬다.
4. 미나리는 5㎝ 길이로 썰고, 대파는 반 갈라 5㎝ 길이로 썬다.
5. 고추는 어슷 썬다.
6. 냄비에 멸치 국물을 붓고 무와 대구를 넣어 5분 정도 센 불에서 끓인다.
7. ⑥에 양념을 넣어 1분 정도 끓이고 배추, 미나리, 대파를 넣고 한소끔 끓인 뒤 불을 끈다.
8. 분량의 재료로 초간장을 만들어 대구 맑은 탕과 곁들여 낸다.

 **임성근의 한끗!**

- 대구는 가을에 살이 올라 맛있고 다른 계절에 비해 저렴하니 가을에는 대구 요리를 챙겨드세요.
- 배 안쪽의 검은 피막을 제거하지 않으면 비린 맛이 나니 꼭 제거하세요.
- 대구는 옅은 소금 물에 2시간 정도 담가두면 살이 단단해지고 탱글탱글해져 끓인 후에도 살이 잘 부서지지 않아요.
- 대구 맑은 탕은 다 먹을 때까지 뜨끈하게 끓이면서 떠 먹는 게 좋습니다. 배추, 미나리, 대파를 넣기 전에 휴대용 가스레인지에 옮겨서 식탁 위에서 끓이면서 드세요.
- 기호에 따라 두부와 쑥갓을 넣어도 좋아요. 배추를 넣을 때 함께 넣어 끓이세요.

# 알탕

**재료**
명태 알 … 6개
곤이 … 300g
무 … 3㎝
느타리버섯 … 1줌
미나리 … ½줌
대파 … 1대
청양고추 … 2개
멸치 국물 … 4컵
**양념** 고춧가루·청주 3큰술씩,
액젓 2큰술, 된장·다진 마늘 1큰술씩,
후춧가루 약간

**한꼇 양념** 만능 차돌박이 고추기름 4큰술

1  명태 알과 곤이는 각각 옅은 소금물에 살살 흔들어 씻고 체에 밭쳐 물기를 뺀다. (a)
2  무는 사방 3㎝ 크기로 나박 썰고, 느타리버섯은 큰 것만 손으로 쭉쭉 찢는다.
3  미나리는 5㎝ 길이로 썰고, 대파는 반 갈라 5㎝ 길이로 썬다. 청양고추는 어슷 썬다.
4  냄비에 멸치 국물을 붓고 양념을 넣어 푼 뒤 무를 넣어 센 불에서 끓인다.
5  무가 반 정도 익으면 명태 알과 곤이, 느타리버섯을 넣고 명태 알이 거의 익으면 대파와 고추를 넣고 한소끔 끓인다.
6  불을 끄기 직전에 미나리를 올린 뒤 불을 끈다.

 임성근의 한꼇!

- 명태 알과 곤이는 소금물에 씻어야 탱글탱글해지고 단맛도 빠지지 않아요.
- 알탕에 채소만 넣는 것보다 느타리버섯을 넣으면 식감도 풍성해지고 국물의 감칠맛도 좋아져요.

# 맑은 두부 알탕

**재료**
백명란 … 6개
두부 … ½모
양파 … ½개
미나리 … 1줌
대파 … 1대
청양 고추 … 2개
홍고추 … 1개
멸치 국물 … 4컵
식용유 … 2큰술
소금 … 적당량
**양념** 청주 3큰술,
액젓·다진 마늘 1큰술씩,
생강즙 1작은술, 후춧가루 약간

1. 백명란은 옅은 소금물에 살살 흔들어 씻고 체에 밭쳐 물기를 뺀다.
2. 두부는 1㎝ 두께로 도톰하게 먹기 좋은 크기로 썰고 소금 1작은술을 뿌려 밑간한 뒤 물기를 제거한다.
3. ②의 두부는 식용유를 두른 달군 팬에 앞뒤로 노릇하게 지지고 체에 밭쳐 뜨거운 물을 부어 기름기를 제거한다. (a)
4. 양파는 0.5㎝ 두께로 채 썰고, 미나리는 5㎝ 길이로 썬다.
5. 대파는 반 갈라 5㎝ 길이로 썰고, 고추는 어슷 썬다.
6. 냄비에 멸치 국물을 붓고 백명란을 넣어 4분 정도 끓이고 명란이 익으면 모든 양념 재료와 두부, 채소를 넣고 3분 정도 더 끓인 뒤 모자라는 간은 소금으로 맞춘다.

 임성근의 한끗!

- 두부는 팬에 노릇하게 지져서 넣으면 부서지지 않고 식감도 좋아요. 지진 뒤 꼭 뜨거운 물을 끼얹어 기름기를 제거해야 국물 맛이 깔끔해요.
- 국물에 처음부터 알을 넣고 끓여야 맛이 진하게 우러나요.
- 기호에 따라 느타리버섯을 넣으면 씹는 맛도 풍성해지고 국물의 감칠맛도 좋아져요.

# 조기 매운탕

**재료**
조기 … 4마리
무 … 4cm
양파 … ½개
쑥갓 … 5줄기
대파 … ½대
청양고추 … 2개
홍고추 … 1개
멸치 국물 … 4컵
**양념** 소주 3큰술,
고춧가루·액젓 2큰술씩,
고추장·다진 마늘 1큰술씩,
된장 ½큰술, 설탕·생강즙 1작은술씩

**한꼇 양념** 만능 차돌박이 고추기름 4큰술

1. 조기는 비늘을 긁고 가위로 지느러미를 자른 뒤 깨끗이 헹군다.
2. 무는 사방 4cm 크기로 나박 썰고, 양파는 2cm 폭으로 썬다.
3. 쑥갓은 굵고 억센 줄기를 잘라내고, 대파는 반 갈라 5cm 길이로 썬다. 고추는 어슷 썬다.
4. 분량의 양념 재료는 섞는다.
5. 냄비에 멸치 국물을 붓고 ④의 양념을 넣어 푼 뒤 무를 넣어 끓인다.
6. 무가 투명해지면 양파와 조기를 넣어 끓인다.
7. 조기가 익으면 대파와 청양고추를 넣어 한소끔 끓인 뒤 불을 끄고 쑥갓을 올려낸다.

 **임성근의 한꼇!**

- 조기는 깔끔하게 손질해야 비린 맛이 없어요. 비늘을 긁을 때 자투리 무로 문지르면 수월해요. 싱싱한 조기는 내장까지 조리해도 되지만 그렇지 않다면 내장을 빼고 조리하세요.
- 양념에 소주를 넣으면 조기의 비린 맛과 향을 없앨 수 있어요.

# 해물탕

**재료**
모둠 해물 … 1팩(1kg)
콩나물 … 2줌
배춧잎 … 3장
양파 … ½개
애호박 … ⅓개
미나리·쑥갓 … ½줌씩
대파 … 1대
청양고추 … 2개
멸치 국물 … 4컵
**양념** 고춧가루·소주 3큰술씩, 새우젓 2큰술, 된장·다진 마늘 1큰술씩, 생강즙 1작은술

**한끗 양념** 만능 차돌박이 고추기름 4큰술

1. 모둠 해물은 손질된 것으로 준비해서 흐르는 물에 씻고 체에 밭쳐 물기를 뺀다.
2. 콩나물은 껍질이 없도록 깨끗이 씻어 물기를 빼고, 배춧잎은 4㎝ 길이로 썬다.
3. 양파는 굵게 채 썰고, 애호박은 1㎝ 두께로 반달썰기 한다.
4. 미나리는 5㎝ 길이로 썰고, 쑥갓은 억세고 굵은 줄기를 잘라낸다.
5. 대파는 반 갈라 5㎝ 길이로 썰고, 고추는 어슷 썬다.
6. 분량의 양념 재료는 잘 섞어 양념장을 만든다.
7. 전골냄비에 쑥갓과 미나리를 제외한 채소를 돌려 담고 준비한 해물을 올린 뒤 양념을 넣어 끓인다.
8. 해물이 익고 국물이 충분히 우러나면 미나리를 넣고 1분간 끓인 뒤 쑥갓을 올리고 불을 끈다.

- 모둠 해물 팩은 여러 종류의 해물이 각각 손질돼 있어 해물탕을 끓이기 편리하죠. 기호에 따라 미더덕이나 꽃게, 새우 등 좋아하는 해물을 추가하면 더욱 풍성한 해물탕이 됩니다.

차돌 육개장

닭개장

쇠고기 대신 닭 가슴살을 이용하면 쉽게 닭개장을 끓일 수 있어요. 닭 가슴살은 2쪽 준비하고 쇠고기 육수 대신 멸치 국물을 준비하세요.
닭 가슴살은 끓는 물에 삶고 먹기 좋게 쭉쭉 찢어 육개장과 동일한 방법으로 끓이세요.

# 차돌 육개장

**재료**
차돌박이 … 200g
달걀 … 1개
팽이버섯 … 1봉
삶은 고사리·숙주 … 1줌씩
대파 … 2대
쇠고기 육수 … 5컵
후춧가루 … 약간
**양념** 고춧가루 4큰술, 고추기름 3큰술, 간장 2큰술, 다진 마늘·소금 1큰술씩, 참기름 ½큰술, 다진 생강·설탕 1작은술씩

**한끗 양념** 만능 차돌박이 고추기름 5큰술

1. 차돌박이는 5㎝ 폭으로 썬다.
2. 팽이버섯은 밑둥을 자르고, 삶은 고사리는 물에 한 번 헹군 뒤 6㎝ 길이로 썬다.
3. 숙주는 씻어 물기를 빼고, 대파는 칼 면으로 두드려 부드럽게 한 뒤 6㎝ 길이로 썬다.(a)
4. 냄비에 고추기름을 두르고 차돌박이를 넣어 볶다가 차돌박이가 익으면 다진 마늘과 다진 생강을 넣고 볶아 향을 내고 불을 끈 다음 참기름을 두르고 고춧가루를 넣어 볶는다.
4-1. 냄비에 만능 차돌박이 고추기름과 차돌박이를 넣어 볶는다.
5. ④에 다시 불을 올리고 쇠고기 육수를 부은 뒤 나머지 양념, 즉 간장, 소금, 설탕을 넣어 센 불에서 끓인다.
5-1. 차돌박이가 익으면 쇠고기 육수를 부어 센 불에서 끓인다.
6. 국물이 팔팔 끓으면 팽이버섯과 고사리, 숙주를 넣고 고사리가 부드럽게 익으면 대파를 넣어 끓인다.
7. 대파가 푹 익으면 후춧가루를 넣고 달걀을 풀어 넣은 뒤 젓지 말고 뚜껑을 덮은 채로 30초 정도 끓인 다음 불을 끈다.

 임성근의 한끗!

- 대파를 칼 면으로 두드려 끓이면 대파가 부드러워지고 대파의 단맛이 잘 우러나요.
- 마지막에 달걀을 풀어 넣으면 매운 맛이 중화되고 국물 맛이 부드러워지죠. 육개장이 거의 다 끓었을 때 달걀을 풀어 넣는데, 달걀을 넣고 저으면 국물이 지저분해지니 달걀을 넣은 뒤 냄비 뚜껑을 덮고 30초 정도만 더 끓이세요.

# 만두 전골

**재료**
시판 냉동 만두 … 12개
쇠고기(불고깃감) … 100g
표고버섯 … 3개
팽이버섯 … ⅓봉
배춧잎 … 3장
콩나물 … ½줌
애호박 … ⅓개
쑥갓 … 3줄기
대파 … 1대
풋고추·홍고추 … 1개씩
쇠고기 육수 … 5컵
**쇠고기 양념** 다진 파 1큰술,
다진 마늘·간장·설탕·참기름 ½큰술씩,
후춧가루 약간
**양념** 국간장·청주 2큰술씩,
소금 1큰술, 후춧가루 1작은술

**한꿋 양념** 만능 차돌박이 고추기름 5큰술

1. 냉동 만두는 미리 냉장실에 둬 해동하거나 전자레인지를 이용해 해동한다.
2. 쇠고기는 분량의 쇠고기 양념을 넣어 조무조물 버무린다.
3. 표고버섯은 기둥을 떼고 0.5㎝ 폭으로 저며 썰고, 팽이버섯은 밑동을 자른다.
4. 배춧잎은 2㎝ 폭으로 길게 썰어 길이를 3등분하고, 콩나물은 깨끗이 손질한다.
5. 애호박은 1㎝ 두께로 반달썰기 하고, 쑥갓은 억세고 굵은 줄기를 잘라내고 5㎝ 길이로 썬다.
6. 대파는 반 갈라 5㎝ 길이로 썰고, 고추는 어슷 썬다.
7. 전골냄비에 쑥갓을 제외한 채소와 만두를 보기 좋게 둘러 담고 가운데 ②의 쇠고기를 얹은 뒤 쇠고기 육수를 붓고 양념을 넣어 끓인다.
8. 만두가 익으면 쑥갓을 올리고 끓이면서 떠 먹는다.

 **임성근의 한꿋!**

- 냉동 만두는 해동하지 않고 끓이면 만두가 터져 국물이 지저분해지니 해동 후 끓이세요.
- 쇠고기는 양념에 재워 두었다가 끓이면 고기와 국물 맛이 모두 좋아져요.
- 매콤하게 먹으려면 양념 대신 한꿋 양념을 넣으세요.

# 불낙 전골

**재료**
쇠고기(불고깃감) … 200g
낙지 … 2마리
표고버섯 … 3개
팽이버섯 … ⅓봉
배춧잎 … 2장
양파 … ½개
애호박 … ⅓개
미나리 … 3줄기
대파 … 1대
청양고추·홍고추 … 2개씩
멸치 국물 … 4컵
소금·밀가루 … 적당량씩
**쇠고기 양념** 다진 파 2큰술,
다진 마늘·설탕·간장·참기름 1큰술씩,
후춧가루 약간
**양념** 간장 ½컵, 설탕 3큰술,
다진 마늘·참기름 1큰술씩,
생강즙·후춧가루 1작은술씩

**한꿋 양념** 만능 차돌박이 고추기름 5큰술

1. 쇠고기는 한 입 크기로 썰어 쇠고기 양념을 넣어 조물조물 무친다.
2. 낙지는 몸통을 뒤집어 먹물과 내장을 빼내고 소금과 밀가루를 넣어 바락바락 주물러 씻은 뒤 흐르는 물에 깨끗이 헹군다.
3. 표고버섯은 기둥을 떼고 1cm 폭으로 저며 썰고, 팽이버섯은 밑둥을 자른다.
4. 배춧잎은 2cm 폭으로 길게 썰어 길이를 3등분하고, 양파는 0.5cm 폭으로 채 썬다.
5. 애호박은 1cm 두께로 반달썰기 하고, 미나리는 4cm 길이로 썬다.
6. 대파는 반 갈라 4cm 길이로 썰고, 고추는 어슷 썬다.
7. 분량의 재료를 섞어 양념을 만든다.
8. 전골냄비에 준비한 채소를 둘러 담고 가운데에 ①의 쇠고기를 얹은 뒤 양념을 넣고 멸치 국물을 부어 끓인다.
9. 쇠고기가 익으면 낙지를 넣고 약 4분 정도 더 끓여 낙지가 부드럽게 익으면 불을 끈다.

 임성근의 한꿋!

- 불고기는 풀어가며 끓여야 완성된 뒤 고기가 뭉치지 않아 먹기 좋아요.
- 낙지는 오래 끓이면 질겨지니 재료가 거의 익을 때 쯤 넣고 약 4분 정도만 끓여야 낙지가 부드럽게 익어요. 그리고 낙지부터 건져 먹는 게 좋습니다.
- 매콤하게 먹으려면 양념 대신 한꿋 양념을 넣으세요.

# 낙지 전골

### 재료
낙지 … 3마리
표고버섯 … 3개
팽이버섯 … ½봉
배춧잎 … 2장
애호박·당근 … ⅓개씩
미나리 … 4줄기
쑥갓 … 3줄기
대파 … ½대
풋고추 … 3개
홍고추 … 1개
멸치 국물 … 4컵
소금·밀가루 … 적당량씩

**양념** 고춧가루 3큰술, 액젓 2큰술, 고추장·다진 마늘 1큰술씩, 참기름·후춧가루 1작은술씩

**한꼿 양념** 만능 맛가루 4큰술, 액젓 1큰술, 참기름 1작은술

1. 낙지는 몸통을 뒤집어 먹물과 내장을 빼내고 소금과 밀가루를 넣어 바락바락 주물러 씻은 뒤 흐르는 물에 깨끗이 헹군다.
2. 표고버섯은 기둥을 떼어 내고 갓만 1㎝ 폭으로 저며 썰고, 팽이버섯은 밑동을 자른다.
3. 배춧잎은 2㎝ 폭으로 길게 썰어 길이를 3등분하고, 애호박은 반달썰기 한다.
4. 당근은 반 갈라 납작납작하게 썰고, 미나리는 5㎝ 길이로 자른다.
5. 쑥갓은 억세고 굵은 줄기를 잘라내고, 대파는 반 갈라 5㎝ 길이로 썬다. 고추는 어슷 썬다.
7. 분량의 재료를 섞어 양념을 만든다.
6. 전골냄비에 쑥갓을 제외한 ②~⑤의 재료를 둘러 담고 가운데에 낙지를 올린(a) 다음 양념을 넣은 뒤 멸치 국물을 부어 팔팔 끓인다.
7. 낙지가 부드럽게 익으면 부족한 간은 액젓(또는 맛가루)으로 맞추고 쑥갓을 올린 뒤 불을 끈다.

**임성근의 한꼿!**

- 낙지는 오래 끓이면 질겨지니 끓여서 내는 것보다 식탁 위에서 끓이면서 낙지가 익으면 잘라서 바로 먹는 게 한결 맛있습니다.

# 궁중 전골

**재료**
차돌박이 … 100g
오징어 … 1마리
새우(대하) … 4마리
모시조개 … 8개
표고버섯 … 3개
마른 목이버섯 … ½줌
콩나물 … 1줌
배춧잎 … 2장
애호박 … ⅓개
미나리 … 4줄기
대파 … 1대
청양고추 … 2개
홍고추 … 1개
우동 사리 … 1개
멸치 국물 … 4컵
소금 … 약간
**양념** 고추기름 3큰술,
고춧가루·액젓 2큰술씩, 다진 마늘 1큰술,
설탕·생강즙 1작은술씩, 후춧가루 약간

**한끗 양념** 만능 차돌박이 고추기름 4큰술

1  오징어는 다리를 잡아당겨 내장을 빼서 잘라버리고 깨끗이 씻은 뒤 몸통은 반 갈라 껍질을 벗겨 6×1㎝ 크기로 썰고, 다리는 1개씩 자르고 긴 것은 반으로 썬다.
2  새우는 꼬치로 등 쪽의 내장을 빼고, 모시조개는 옅은 소금물에 담가 해감을 토하게 한다.
3  표고버섯은 기둥을 떼어 내고 갓만 0.7㎝ 폭으로 썰고, 목이버섯은 미지근한 물에 불린 뒤 먹기 좋은 크기로 뜯는다.(a)
4  콩나물은 깨끗이 손질하고, 배춧잎은 2㎝ 폭으로 길게 썰어 길이를 3등분한다.
5  애호박은 반달썰기 하고, 미나리는 4㎝ 길이로 썬다.
6  대파는 반 갈라 5㎝ 길이로 썰고, 고추는 어슷 썬다.
7  우동은 끓는 물에 쫄깃하게 삶고 체에 밭쳐 물기를 뺀다.
8  분량의 재료를 섞어 양념을 만든다.
9  전골냄비에 손질한 해물과 버섯, 채소를 둘러 담고 가운데에 차돌박이를 올린다.
10  ⑨에 양념(또는 만능 차돌박이 고추기름)을 넣고 멸치 국물을 부어 끓이다가 국물이 끓으면 우동 사리를 넣어 끓인다.

a

 **임성근의 한끗!**

● 해물과 차돌박이는 궁합이 가장 잘 맞는 전골 요리 재료예요. 담백하면서도 국물이 시원하고 감칠맛이 극대화되죠. 또한 품위가 있어 손님상에 내기 그만입니다.

# PLUS RECIPE 1

## 만능 냉국 국물

쇠고기(양지머리) 1kg,
고추씨 ½컵, 감초 3개, 양파 1개,
무 5cm, 대파 2대, 마늘 10쪽,
생강 2쪽, 2배 사과 식초 8큰술,
설탕 6큰술, 국간장 3큰술,
소금 2½큰술, 물 적당량

● 일주일 정도 냉장 보관 가능

1. 쇠고기는 찬물에 담가 중간중간 물을 갈아가며 2시간 정도 핏물을 뺀다.
2. 고추씨는 체에 밭쳐 가루를 턴 뒤 흐르는 물에 씻고 물기를 뺀다.
3. 양파는 껍질째 깨끗이 씻고, 무는 4등분한다.
4. 대파는 뿌리째 깨끗이 씻고, 마늘은 칼 면으로 쳐서 으깬다.
5. 생강은 껍질을 벗기고 저며 썬다.
6. 큼직한 냄비에 물 2ℓ를 붓고 핏물을 뺀 쇠고기와 ②~⑤의 준비한 재료, 감초를 넣어 센 불로 한소끔 팔팔 끓인다.
7. 중약불로 줄여 1시간 정도 푹 끓이고 약한 불로 40분 정도 더 끓인 다음 모든 재료를 건져낸다.
8. ⑦의 냄비에 물을 부어 2ℓ로 맞추고 한소끔 끓인 뒤 식초, 설탕, 간장, 소금을 넣고 설탕이 녹을 정도로만 살짝 끓이고 한 김 식혀 냉장 보관한다.

## 미역 오이 냉국

**재료**
자른 미역 1줌(20g)
오이 ½개
양파 ¼개
청양고추·홍고추 2개씩
국간장·다진 파·
통깨 1큰술씩
다진 마늘 ½큰술
만능 냉국 국물 3컵
얼음 6개

1. 자른 미역은 찬물에 충분히 불린 뒤 맑은 물에 바락바락 주물러 씻어 이물질을 제거하고 끓는 물에 살짝 데친 다음 헹궈서 체에 받쳐 물기를 뺀다.
2. ①의 미역에 국간장과 다진 파, 다진 마늘을 넣어 조물조물 무친다.
3. 오이는 얇게 어슷 썬 뒤 가늘게 채 썰고, 양파는 가늘게 채 썰어 찬물에 담가 매운 맛을 뺀다.
4. 고추는 송송 썬다.
5. 큼직한 볼에 ②~④의 재료를 모두 넣고 냉국 국물을 부은 뒤 모자라는 간은 국간장으로 맞추고 통깨를 뿌린 다음 얼음을 띄운다.

### 임성근의 한끗!

● 미역은 끓는 물에 30초 정도 살짝 데친 뒤 조리하면 비린 맛이 제거되고 초록색이 살아납니다. 미역은 간이 잘 배지 않으니 미리 양념해 두는 게 맛있어요.

## 김 냉국

**재료**
김 … 8장
고춧가루·깨소금 … 1큰술씩
국간장 … 약간
만능 냉국 국물 … 3컵
얼음 … 6개

1. 김은 구운 뒤 봉지에 담아 잘게 부순다.
2. 볼에 냉국 국물을 붓고 ①의 김과 고춧가루, 깨소금을 넣어 섞은 뒤 모자라는 간은 국간장으로 맞추고 얼음을 띄운다.

## 가지 냉국

**재료**
가지 … 2개
홍고추 … 1개
다진 파·참기름 … 1큰술씩
다진 마늘 … ½큰술
소금 … 약간
만능 냉국 국물 … 3컵
얼음 … 6개

1. 가지는 꼭지를 자르고 통째로 팬에 굴려가며 굽고 한 김 식혀 먹기 좋은 크기로 썬다.
2. 홍고추는 가늘게 송송 썬다.
3. ①의 가지에 다진 파, 다진 마늘, 참기름을 넣어 조물조물 무친다.
4. ③에 냉국 국물을 붓고 모자라는 간은 소금으로 맞춘 뒤 그릇에 담고 얼음을 띄운다.

 **임성근의 한끗!**

- 소면을 삶아 김냉국에 말아 먹으면 시원한 여름 별미 국수로 좋아요.

## 김치말이 국수

**재료**
소면 … 2줌
배추김치 잎 … 3장
오이 … ½개
설탕·참기름·통깨 … 1큰술씩
만능 냉국 국물 … 4컵
얼음 … 6개

 **임성근의 한끗!**

- 소면에 전분기가 붙어 있으면 면이 잘 붙어 쫄깃하지 않으니 소면을 삶은 뒤 찬물에 여러 번 비벼가며 헹궈 전분기를 빼세요.

1. 소면은 끓는 물에 쫄깃하게 삶아 찬물에 문질러 여러 번 씻고 체에 밭쳐 물기를 뺀다.
2. 배추김치는 속을 털어내고 가늘게 채 썰어 설탕과 참기름, 통깨를 넣어 무친다.
3. 오이는 얇게 어슷 썰어 가늘게 채 썬다.
4. 그릇에 소면을 사리지어 담고 ①의 김치와 채 썬 오이를 올린 뒤 냉국 국물을 붓고 얼음을 띄운다.

## PLUS RECIPE 2

### 만능 국수 국물

양파 ½개, 무 ¼개, 대파 1대,
마른 고추 3개, 마늘 10쪽,
가다랑어 포 30g, 청주 2컵,
물·맛술·간장 1½컵씩

1. 무는 두툼하게 썰고 마른 고추는 듬성듬성 썬다.
2. 대파는 반으로 썰고 마늘은 크기가 큰 것만 칼 면으로 두드려 굵게 으깬다.
3. 양파, 무, 대파, 마늘은 석쇠에 올려 앞뒤로 살짝 굽는다.
4. 냄비에 분량의 물을 붓고 구운 채소와 청주, 맛술, 간장, 마른 고추를 넣어 센 불에서 끓인다.
5. 국물이 한소끔 끓어오르면 중불로 줄여 10분 정도 더 끓인 뒤 불을 끈다.
6. ⑤에 가다랑어 포를 넣어 5분 정도 우리고 면포에 걸러 국물만 받은 뒤 한 김 식혀 병에 담아 냉장 보관한다.

 **임성근의 한끗!**

● 채소를 구워서 국물을 내면 채소의 쓴맛이 없어지고 단맛이 진해지며 국물에 채소의 맛이 빨리 우러나요.

# 냉 우 동

**재료**
우동 사리 … 2개
쪽파 … 2뿌리
쑥갓 … 1줄기
만능 국수 국물·멸치 국물 … 3컵씩
얼음 … 6개

1. 만능 국수 국물에 멸치 국물을 섞어 냉장실에 미리 넣어 차게 둔다.
2. 쪽파는 송송 썰고 쑥갓은 잎만 뗀다.
3. 끓는 물에 우동 사리를 쫄깃하게 삶고 찬물에 헹군 뒤 체에 밭쳐 물기를 뺀다.
4. 그릇에 우동 면을 담고 ①의 국물을 부은 뒤 쪽파와 쑥갓, 얼음을 얹어낸다.

 **임성근의 한끗!**

- 우동 면은 충분히 삶아야 차게 식혀도 뻣뻣하지 않아요.
- 기호에 따라 식초나 김가루를 넣어도 좋아요.
- 고추냉이 초간장을 곁들여 국수를 찍어 먹어도 맛있어요.

## 유부 우동

**재료**

우동 사리 · 2개
유부 · 6장
대파 · 2뿌리
쑥갓 · 1줄기
만능 국수 국물
멸치 국물 · 3컵씩
얼음 · 6개

1  유부는 체에 얹고 뜨거운 물을 부어 기름기를 제거한 뒤 채 썬다.
2  대파는 송송 썰고, 쑥갓은 잎만 뗀다.
3  냄비에 만능 국수 국물과 멸치 국물을 부어 끓이다가 국물이 끓으면 우동 사리를 넣어 끓인다.
4  우동 면이 익으면 유부와 대파를 넣고 간이 모자라면 간장으로 맞춰 한소끔 끓인다.

## 잔치국수

**재료**

소면 · 2줌
표고버섯 · 3개
부추 · 4줄기
양파 · ½개
당근 · ¼개
멸치 국물 · 4컵
만능 국수 국물 · 1컵
식용유 · 약간

1  표고버섯은 갓만 얇게 저며 썰고, 부추는 4㎝ 길이로 썬다. 양파와 당근은 채 썬다.
3  달군 팬에 기름을 약간 두르고 표고버섯, 부추, 양파, 당근을 각각 볶아낸다.
4  소면은 끓는 물에 쫄깃하게 삶아 찬물에 비벼가며 헹구고 체에 받쳐 물기를 뺀다.
5  만능 국수 국물과 멸치 국물을 섞어 팔팔 끓인다.
6  ④의 소면을 사리지어 그릇에 담고 ⑤의 국물에 토렴한 뒤 볶은 채소를 올리고 ⑤의 국물을 부어낸다.

## 어묵탕

**재료**
어묵 … 1봉지
무 … 5cm
표고버섯 … 4개
대파 … ½대
청양고추 … 2개
홍고추 … 1개
멸치 국물 … 3컵
만능 국수 국물 … ½컵
고추냉이 초간장 … 적당량씩

1 어묵은 보기 좋게 꼬치에 꽂는다.
2 무는 사방 3cm 크기로 도톰하게 나박 썰고, 표고버섯은 갓만 6등분으로 깍둑 썬다.
3 대파는 어슷 썰고, 고추는 2등분한다.
4 만능 국수 국물과 멸치 국물을 냄비에 붓고 무를 넣어 끓인다.
5 무가 반 정도 익으면 어묵과 표고버섯을 넣어 끓인다.
6 어묵이 쫄깃하게 익으면 대파와 고추를 넣어 한소끔 끓인다.
7 어묵탕을 그릇에 담고 고추냉이 초간장을 곁들여 낸다.

 **임성근의 한끗!**

- 고명으로 올리는 채소는 기호에 따라 바꿔도 됩니다. 달걀지단을 곱게 채 썰어 올려도 좋아요.
- 두부를 네모지게 도톰하게 썰어 기름을 두른 달군 팬에 지진 뒤 체에 밭치고 뜨거운 물을 부어 기름기를 뺀 다음 어묵과 함께 넣어 끓여도 좋아요.
- 마지막에 쑥갓을 올리면 국물이 향긋해져요.

식탁이
풍성해지는
한 그릇 요리

반찬 못지 않게 입맛을 돋우고 국물을 대신할 만큼 밥이 술술 넘어가는

맛좋은 일품 요리를 하나씩 완성해 보아요.

푸짐하게 차려 먹는 고기 요리, 감칠맛 좋은 양념의 해물 요리, 몸에 기운을

북돋는 영양 만점 요리, 반주 하기 좋은 깔끔한 안주 요리, 언제 먹어도 맛있는

잡채와 볶음 우동, 식당 부럽지 않은 생선 회 요리, 뜨끈하고 풍성한 찜 요리,

그리고 혼밥러를 위한 국수, 라면, 덮밥.

# 어묵 얼큰 덮밥

**재료**
밥 … 2공기
사각 어묵 … 3장
양송이버섯 … 4개
양파 … ½개
당근 … 5㎝ 짜리 ½토막
대파 … 1대
청양고추 … 2개
멸치 국물 … ¼컵
식용유 … 3큰술
참기름·통깨 … 1큰술씩

**양념** 고춧가루·맛술 3큰술씩,
간장 2큰술, 다진 마늘·설탕·
물엿 1큰술씩

**한꼇 양념** 만능 맛가루 4큰술,
맛술 3큰술, 설탕·물엿 1큰술씩

1. 어묵은 세로로 반 잘라 1㎝ 폭으로 썰고, 양송이버섯은 0.5㎝ 폭으로 모양을 살려 썬다.
2. 양파는 0.3㎝ 폭으로 채 썰고, 당근은 0.2㎝ 두께로 채 썬다.
3. 대파는 어슷 썰고, 청양고추는 얇게 어슷 썬다.
4. 팬에 식용유를 둘러 달구고 센 불에서 양파와 대파를 먼저 볶다가 기름에 채소 향이 배면 어묵과 당근, 양송이버섯을 넣어 볶는다.
5. 어묵에서 고소한 냄새가 나면 멸치 국물(한꼇 양념의 경우 ½컵)을 부어 잠시 볶다가 양념을 넣어 섞고 청양고추를 넣는다.
6. 어묵이 부드러워지고 물이 자작해질 때까지 볶다가 참기름을 둘러 섞고 불을 끈 뒤 통깨를 뿌린다.
7. 오목한 그릇에 밥을 담고 ⑥의 어묵 볶음을 얹어낸다.

 **임성근의 한꼇!**

- 어묵 볶음은 밥에 얹어서 비벼 먹어야 하니 간은 조금 세게 하세요.
- 국물이 너무 바특하지 않게, 약간 자작할 정도로 볶아야 밥에 비벼 먹기 좋아요.
- 어묵 대신 다진 돼지고기 100g을 준비해서 채소와 함께 볶아 밥에 얹어도 맛있어요.
- 달걀 프라이를 위에 얹어 내도 잘 어울려 잘 어울려요.

# 국물 떡볶이

**재료**
떡볶이 떡 … 350g
라면 사리 … 1개
만두 … 4개
사각 어묵·양배추 잎 … 2장씩
양파 … ½개
대파 … 1대
멸치 국물 … 4컵
**양념** 간장 4큰술,
고운 고춧가루·맛술·물엿 3큰술씩,
고추장·설탕 2큰술씩, 다진 마늘 1큰술,
후춧가루 약간

**한꿋 양념** 만능 맛가루 6큰술,
맛술·물엿 3큰술씩, 설탕 2큰술

1. 떡볶이 떡은 찬물에 담가 불린 뒤 체에 받쳐 물기를 뺀다.
2. 어묵은 세로로 반 잘라 1.5㎝ 폭으로 썬다.
3. 양배추는 사방 3㎝ 크기로 썰고, 양파는 도톰하게 채 썬다. 대파는 반 갈라 5㎝ 길이로 썬다.(a)
4. 깊이가 있는 팬에 멸치 국물을 붓고 양념을 넣어 푼 뒤 떡볶이 떡, 만두, 어묵을 모두 넣어 센 불에서 끓인다.
5. 국물이 팔팔 끓으면 라면 사리를 넣어 3분 정도 끓이고 손질한 채소를 모두 넣는다.
6. 국물이 다시 팔팔 끓으면 중불로 줄여 저어가며 2분 정도 더 끓인다.

a

 임성근의 한꿋!

- 떡이 딱딱할 때는 끓는 물에 살짝 데친 뒤 조리하세요.
- 냉동 만두는 해동한 뒤 조리하세요. 냉동 상태로 조리하면 만두가 터져요.
- 쇠고기 차돌박이를 넣으면 더 맛있게 먹을 수 있고, 비엔나 소시지를 넣어도 잘 어울려요.
- 마지막에 참기름 1큰술을 넣으면 고소한 풍미를 살릴 수 있어요.
- 국물 떡볶이는 끓이면서 먹어도 맛있어요.
- 기호에 따라 마지막에 슈레드 모차렐라치즈를 얹어 녹여 내도 좋습니다.

# 간장 떡볶이 (궁중 떡볶이)

**재료**
떡볶이 떡 … 300g
사각 어묵 … 2장
호박오가리 … 6개
표고버섯 … 3개
청경채 … 2포기
파프리카·양파 … ½개씩
당근 … 5cm
멸치 국물 … 1컵
참기름·통깨 … 1큰술씩
식용유 … 약간

**양념** 간장 4큰술, 맛술 3큰술, 다진 마늘·설탕·물엿·굴소스 1큰술씩, 후춧가루 약간

**한꿋 양념** 만능 간장 5큰술

1. 떡볶이 떡은 찬 물에 담가 불린 뒤 체에 밭쳐 물기를 뺀다.
2. 호박오가리는 미지근한 물에 30분 정도 불린 뒤 물기를 꼭 짜고 반으로 썬다.
3. 어묵은 세로로 반 잘라 1.5cm 폭으로 썰고, 표고버섯은 기둥을 떼고 납작납작하게 저며 썬다.
4. 청경채는 열십자(+)로 길게 4등분하고, 파프리카는 씨와 속살을 제거하고 사방 2cm 크기로 썬다.
5. 양파는 0.5cm 폭으로 채 썰고, 당근은 가늘게 채 썬다.
6. 팬에 식용유를 약간 두르고 준비한 버섯과 채소를 모두 넣어 센 불에서 볶는다.
7. 채소의 숨이 죽으면 멸치 국물을 붓고 국물이 팔팔 끓으면 떡과 어묵, 양념을 모두 넣어 끓인다.
8. 떡에 양념이 잘 배어들고 국물이 자작해질 때까지 끓인 뒤 참기름을 넣어 섞고 불을 끈 뒤 통깨를 뿌려 마무리한다.

 **임성근의 한꿋!**

- 채소를 볶다가 끓여야 채소의 풋내를 없앨 수 있어요.
- 돼지고기나 쇠고기를 굵직하게 채 썰어 넣으면 좀 더 고급스러운 맛을 낼 수 있어요. 고기를 넣을 때는 살코기로 100g을 준비해서 청주 1큰술, 간장과 설탕 1작은술씩, 후춧가루를 약간 넣어 밑간한 뒤 고기를 먼저 볶다가 채소를 볶고 위의 레시피대로 조리하면 됩니다.

# 두부김치

**재료**
삼겹살 … 300g
배추김치 … ⅓포기
두부 … 1모(340g)
양파 … ½개
대파 … ½대
청양고추 … 2개
멸치 국물 … ½컵
소주 … 4큰술
참기름 … 2큰술
식용유 … 1큰술
**양념** 고춧가루 2큰술,
다진 마늘·설탕 1큰술씩

**한끗 양념** 만능 맛가루 4큰술,
설탕 ½큰술

1. 삼겹살은 5㎝ 폭으로 썰고, 배추김치는 잘 익은 것으로 준비해서 4㎝ 길이로 썬다.
2. 양파는 0.5㎝ 폭으로 채 썰고, 대파는 반 갈라 5㎝ 길이로 썬다. 청양고추는 어슷 썬다.
3. 달군 팬에 식용유를 두르고 삼겹살을 넣어 센 불에서 굽다가 노릇해지면 소주를 넣고 알코올 냄새를 날린다.
4. ③에 김치를 넣어 3분 정도 볶고 양파, 대파, 청양고추를 넣어 1분 정도 볶은 뒤 양념을 넣어 볶는다.
5. 김치에 기름기가 돌면 멸치 국물을 붓고 김치가 익고 물기가 완전히 없어지면 참기름을 넣어 골고루 섞는다.
6. 냄비에 두부가 잠길 정도로 물을 붓고 두부를 넣어 두부가 따뜻해질 때까지 3분 정도 데친 뒤 물기를 빼고 3등분해서 1㎝ 폭으로 썬다.
7. 두부가 따뜻할 때 접시에 담고 ⑤의 돼지고기 김치 볶음을 곁들여 낸다.

 **임성근의 한끗!**

- 돼지고기를 볶거나 구울 때 센불에서 조리하며 소주를 넣으면 돼지고기의 누린내가 없어져요.
- 돼지고기를 먼저 충분히 볶아야 고소한 맛을 낼 수 있어요.
- 김치가 너무 익어 신맛이 많이 날 때는 설탕을 약간 더 넣어 볶으면 단맛이 더해져 신맛을 줄일 수 있고, 신 김치가 아닐 경우에는 설탕을 ½큰술로 줄이세요.
- 김치 볶음에 멸치 국물을 넣으면 김치가 촉촉하고 부드럽게 익어 식감이 한결 좋아집니다.
- 김치 맛에 따라 간이 싱거울 경우 액젓으로 간해야 맛있어요.

# 해물 볶음

**재료**
전복·낙지 … 1마리씩
칵테일 새우 … 10마리
소라 … 2개
양송이버섯 … 3개
청경채 … 2포기
당근 … 3㎝
양파 … ½개
대파 … ½대
마늘 … 4쪽
참기름 … 2큰술
통깨 … 1큰술
소금·밀가루·식용유 … 적당량씩
**양념** 고춧가루·간장·물엿 3큰술씩,
고추장 2큰술, 설탕·레몬즙 1큰술씩,
생강즙 1작은술, 후춧가루 약간

**한끗 양념** 만능 간장 6큰술,
고춧가루 4큰술

1. 전복은 솔로 살을 문질러 씻고 살과 껍데기 사이에 숟가락을 넣어 살을 떼어낸 뒤 내장과 이빨을 떼고 0.5㎝ 폭으로 저며 썬다. (a)
2. 낙지는 몸통을 뒤집어 먹물과 눈, 이빨을 제거하고 소금 1큰술, 밀가루 2큰술을 넣어 손에 힘을 주며 5분 정도 바락바락 주물러 씻고 깨끗이 헹군 뒤 6㎝ 길이로 자른다.
3. 소라는 끓는 물에 데쳐 살을 발라낸 뒤 내장과 빨판을 제거하고 0.5㎝ 폭으로 썬다. (b)
4. 양송이버섯은 열십자(+)로 4등분하고, 청경채는 세로로 반 가른다.
5. 당근은 세로로 반 잘라 편으로 썰고, 양파는 가로로 반 자르고 세로로 3등분한다.
6. 대파는 3㎝ 길이로 썰고, 마늘은 도톰하게 편으로 썬다.
7. 분량의 양념 재료는 골고루 섞는다.
8. 달군 팬에 식용유 3큰술을 두르고 먼저 마늘을 노릇하게 볶고 채소를 모두 넣어 볶는다.
9. 채소의 숨이 살짝 죽으면 해물을 모두 넣고 센 불에서 볶는다.
10. 해물이 반 정도 익으면 ⑦의 양념을 넣고 재료가 골고루 섞이고 해물이 익을 때까지 재빨리 센 불에서 볶은 뒤 마지막에 통깨와 참기름을 뿌려 마무리한다.

a

b

**임성근의 한끗!**

- 낙지는 소금에 주물러 씻으면 불순물이 제거되고 삼투압 작용으로 살이 탱글탱글해져요.
- 해물은 오래 볶으면 질겨지므로 센 불에 재빨리 볶고 익으면 바로 불을 끄세요.

해물 대신 쇠고기를 넣으면 쇠고기 볶음 우동이 돼요. 해물 대신 쇠고기 홍두깨살을 300g 준비하세요. 쇠고기는 5cm 길이로 채 썰어 간장, 청주, 설탕, 다진 파를 각각 1큰술씩, 다진 마늘 ½큰술을 넣어 양념한 뒤 쇠고기를 먼저 볶고 쇠고기가 익으면 채소를 볶다가 우동을 넣어 재빨리 볶으세요. 물녹말은 1½큰술 정도 넣으면 됩니다.

쇠고기 볶음 우동

해물 볶음 우동

# 해물 볶음 우동

### 재료
우동 사리 … 1봉지
전복·낙지 … 1마리씩
칵테일 새우 … 10마리
소라 … 2개
양송이버섯 … 3개
청 피망·홍 피망·노랑 파프리카·
양파 … ½개씩
마늘 … 4쪽
물녹말 … 5큰술(물 5큰술,
　　　　　녹말가루 3큰술)
참기름 … 2큰술
검은깨 … 1큰술
소금·밀가루·식용유 … 적당량씩

**양념** 청주 2큰술,
간장·맛술·굴소스 1큰술씩,
설탕·생강즙 1작은술씩,
후춧가루 ⅓작은술

**한꿋 양념** 만능 간장·고춧가루 4큰술씩

1. 전복은 솔로 문질러 씻고 살과 껍데기 사이에 숟가락을 넣어 살을 떼어낸 뒤 내장과 이빨을 떼고 한 입 크기로 썬다. (a)
2. 낙지는 몸통을 뒤집어 먹물과 눈, 이빨을 제거하고 소금 1큰술과 밀가루 2큰술을 넣어 손에 힘을 주며 5분 정도 바락바락 주물러 씻고 깨끗이 헹군 뒤 6cm 길이로 자른다.
3. 소라는 끓는 물에 데쳐 살을 발라낸 뒤 내장과 빨판을 제거하고 2cm 두께로 썬다.
4. 양송이버섯은 열십자(+)로 4등분한다.
5. 피망과 파프리카는 반 갈라 씨와 속살을 제거한 뒤 0.3cm 폭으로 채 썬다.
6. 양파는 피망과 같은 굵기로 채 썰고, 마늘은 도톰하게 편으로 썬다.
7. 분량의 양념 재료는 골고루 섞는다.
8. 우동 사리는 끓는 물에 쫄깃하게 삶고 체에 받쳐 물기를 뺀다.
9. 달군 팬에 식용유 3큰술을 두르고 먼저 마늘을 노릇하게 볶고 채소를 모두 넣어 볶는다.
10. 채소의 숨이 살짝 죽으면 해물을 모두 넣고 센 불에서 볶는다.
11. 해물이 반 정도 익으면 ⑦의 양념을 넣고 재료가 골고루 섞이고 해물이 거의 익으면 물녹말을 넣어 섞는다.
12. 농도가 되직해지면 바로 우동을 넣어 재빨리 센 불에서 볶은 뒤 마지막에 검은깨와 참기름을 뿌려 마무리한다.

a

 **임성근의 한꿋!**

- 채소와 해물, 양념을 먼저 섞어야 면이 짜지지 않아요.
- 채소가 많이 들어가기 때문에 센 불에서 재빨리 볶아야 물이 많이 생기지 않습니다.

오징어 볶음

낙지 볶음

낙지 볶음을 만들 때는 낙지를 2마리 준비해서 손질 후 끓는 물에 30초 정도 데치고 바로 찬물에 씻어서 6㎝ 길이로 잘라 오징어 볶음과 같은 레시피로 조리하면 돼요. 낙지는 데치지 않고 볶으면 물이 많이 생기므로 꼭 30초 정도 살짝 데치세요. 취향에 따라 낙지 볶음에 미나리를 넣어도 잘 어울려요.

# 오징어 볶음

**재료**
오징어(작은 것) … 2마리
양송이버섯 … 3개
양파 … ½개
당근 … 5cm
대파 … ½대
풋고추 … 2개
식용유 … 3큰술
다진 마늘·참기름 … 1큰술씩
간장 … ½큰술
통깨 … 약간
**양념** 고춧가루 2큰술,
다진 마늘·고추장·간장·맛술·
설탕·물엿 1큰술씩, 후춧가루 약간

**한꿋 양념** 만능 간장 4큰술,
고춧가루 3큰술

1. 오징어는 다리를 잡아당겨 내장을 빼서 잘라버리고 깨끗이 씻은 뒤 몸통은 링 모양으로 썰고, 다리는 1개씩 자른 뒤 긴 것만 반으로 자른다.
2. 양송이버섯은 열십자(+)로 4등분하고, 양파는 1cm 폭으로 채 썬다.
3. 당근은 세로로 반 잘라 세로로 얇게 썰고, 대파와 풋고추는 어슷하게 썬다.
4. 분량의 양념 재료는 골고루 섞는다.
5. 우묵한 팬에 식용유를 둘러 달구고 다진 마늘을 볶다가 팬 가장자리에 간장을 둘러 넣은 뒤 센 불에서 먼저 버섯과 채소를 넣고 30초 정도 볶은 다음 오징어를 넣어 볶는다.
6. 오징어가 반쯤 익으면 ④의 양념을 넣고 오징어에 양념이 골고루 섞이고 오징어가 완전히 익으면 참기름을 둘러 섞고 불을 끈 뒤 통깨를 넣어 섞는다.

 **임성근의 한꿋!**

- 오징어가 클 경우 1마리를 준비해서 몸통 안쪽에 칼집을 넣고 6×1cm 크기로 써세요.
- 양파를 좋아하면 더 넣어도 됩니다. 양파는 단맛이 있으니 양파를 추가할 경우 설탕이나 물엿의 양을 줄이세요.
- 재료를 볶기 전 기름이 가열 됐을 때 간장을 팬 가장자리에 둘러 넣으면 간장이 타면서 불맛이 나므로 음식에 풍미와 감칠맛이 살아나요.
- 깔끔하고 알싸한 매운 맛을 원한다면 양념에 연겨자 1큰술을 넣으세요.

# 제육 볶음

### 재료
돼지고기(목살) … 300g
양파 … 1개
애호박 … ⅓개
양송이버섯 … 4~5개
대파 … 1대
청양고추·홍고추 … 2개씩
마늘 … 3쪽
식용유 … 3큰술
청주·참기름·통깨 … 1큰술씩

**양념** 고춧가루·맛술 3큰술씩,
고추장·물엿 2큰술씩,
간장·설탕 1큰술씩, 된장 ½큰술,
생강즙·후춧가루 1작은술씩

**한꿋 양념** 만능 간장·고춧가루 4큰술씩,
물 3큰술

1. 돼지고기는 0.7㎝ 두께의 한 입 크기로 썰어 키친타월 위에 올려 핏물을 제거한다.
2. 양파는 0.5㎝ 폭으로 채 썰고, 애호박은 반 갈라 편으로 썬다.
3. 양송이버섯은 열십자(+)로 4등분한다.
4. 대파는 반 갈라 5㎝ 길이로 썰고, 고추는 어슷하게 썬다. 마늘은 편으로 썬다.
5. 분량의 양념 재료는 잘 섞는다.
6. 팬에 식용유를 두르고 먼저 마늘을 볶다가 기름에 마늘 향이 배면 센 불에서 돼지고기를 넣어 풀어가며 볶는다.
7. 돼지고기가 거의 익고 고소한 향이 나면(a) 청주를 둘러 뒤섞고 준비한 모든 채소와 ⑤의 양념을 함께 넣어 볶는다.
8. 양념과 재료가 잘 어우러지고 돼지고기와 채소가 익으면 참기름을 두르고 불을 끈 뒤 통깨를 뿌린다.

 임성근의 한꿋!

- 따뜻한 밥 위에 얹으면 제육 덮밥이 되는데, 덮밥용 제육 볶음을 만들 때는 양념을 넣어 섞은 뒤 물 4큰술을 부어 약간 물기 있게 만들어야 밥에 비벼 먹기 좋아요.

불고기

밥 위에 불고기와 새싹채소나 상추, 깻잎 등의 채소를 얹으면 한 끼로 든든한 불고기 채소 비빔밥이 되죠. 우묵한 접시나 볼에 밥을 담고 밥 위에 채소를 먹기 좋게 썰어 보기 좋게 담은 뒤 불고기를 올리세요. 비벼 먹을 때는 고추장을 곁들이면 더욱 맛있어요.

불고기 채소 비빔밥

# 불고기

**재료**
쇠고기(목등심 불고깃감) … 300g
당면 … 1줌
양송이버섯 … 6개
양파 … ½개
당근 … 5cm
쪽파 … 5뿌리
**양념** 달걀노른자 1개 분량,
멸치 국물 1¼컵, 간장 ¼컵, 배즙 5큰술,
청주 3큰술, 설탕 2½큰술,
양파즙·깨소금 2큰술, 다진 마늘 1큰술,
후춧가루 1작은술

**한꿋 양념** 달걀노른자 1개 분량,
물 1¼컵, 만능 간장 ¼컵, 깨소금 2큰술,
참기름 1큰술

1 분량의 양념 재료를 잘 섞어 쇠고기에 넣고 버무린 뒤 30분 이상 잰다.
2 당면은 물에 담가 부드럽게 불린 뒤 체에 밭쳐 물기를 뺀다.
3 양송이버섯은 마른 행주로 먼지를 털어내고 납작하게 썬다.
4 양파는 0.5cm 폭으로 채 썰고, 당근은 양파보다 가늘게 채 썬다. 쪽파는 5cm 길이로 썬다.
5 팬에 양념한 고기를 넣어 센 불에서 볶다가 고기가 거의 익으면 버섯, 당근, 양파, 쪽파, 불린 당면을 넣고 재료가 다 익을 때까지 볶는다.

 **임성근의 한꿋!**

- 고기는 0.2cm 두께로 써는 게 좋아요. 또한 적당히 기름기가 있는 목심 부위가 맛있습니다.
- 양념에 달걀노른자를 넣으면 고소한 맛을 살릴 수 있어요.
- 불고기를 좀 더 간단하고 빠르게 만들려면 간장:황설탕:물=1:1(혹은 0.8):7 비율로 하고 다진 마늘만 첨가해서 양념장을 만들어 고기를 재우세요.

# 대패 삼겹 파 불고기

**재료**
대패 삼겹살 … 300g
대파 … 2대
양송이버섯 … 4개
양파 … ½개
깻잎 … 6장
**양념** 고추장·고춧가루·맛술·
물엿·배즙·사과즙·깨소금 2큰술씩,
간장·다진 마늘·참기름 1큰술씩,
생강즙 1작은술, 후춧가루 약간

**한꾻 양념** 만능 간장 4큰술,
고춧가루 3큰술, 깨소금 2큰술,
참기름 1큰술

1. 대패 삼겹살은 0.2cm 두께로 썬 것을 준비한다.
2. 대파는 6~7cm 길이로 썰고 반 갈라 가운데 심은 빼고 가늘게 채 썬 **(a)** 다음 찬물에 5분 정도 담가 아린 맛을 빼고 체에 밭쳐 물기를 뺀다.
3. 양송이버섯은 납작하게 저며 썰고, 양파는 0.5cm 폭으로 채 썬다.
4. 깻잎은 반 갈라 길이를 3등분 한다.
5. 분량의 양념 재료는 잘 섞는다.
6. 달군 팬에 대패 삼겹살을 넣어 센 불에서 볶는데, 볶으면서 나오는 기름은 키친타월로 제거한다.
7. 고기가 거의 익을 때쯤 ⑤의 양념을 넣어 섞고 양송이버섯, 양파 순으로 넣어 볶다가 양파가 거의 익으면 깻잎과 파 채 **(b)** 순으로 넣어 잠시만 볶는다.

 **임성근의 한꾻!**

- 대패 삼겹살은 최대한 얇은 것으로 준비해야 양념이 잘 배서 맛있어요. 정육점에서 0.2cm 두께로 썰어달라고 하세요.
- 양념에 들어가는 배즙과 사과즙은 배와 사과를 각각 ¼개씩 준비해서 강판에 간 뒤 면포로 감싸 꼭 짜서 즙을 내세요. 갈은 사과와 배를 그냥 넣으면 타기 쉬워요.
- 삼겹살을 볶을 때 나오는 기름을 빼지 않고 조리하면 많이 느끼해지니 키친타월로 닦아가며 볶으세요.

# 오삼 불고기

**재료**
오징어 … 1마리
삼겹살 … 200g
양송이버섯 … 4개
애호박 … ¼개
양파 … ½개
대파 … 1대
풋고추 … 2개
식용유 … 2큰술
청주 … 1큰술
**양념** 고춧가루 3큰술,
고추장·간장·소주·맛술·물엿 2큰술씩,
설탕·다진 마늘·참기름·통깨 1큰술씩,
생강즙·카레 가루 1작은술씩,
후춧가루 약간

**한꿋 양념** 만능 간장 5큰술,
고춧가루 4큰술, 참기름·통깨 1큰술씩,
카레 가루 1작은술

1. 오징어는 다리를 잡아당겨 내장을 빼서 잘라버리고 깨끗이 씻은 뒤 몸통은 링 모양으로 썰고, 다리는 1개씩 자른 뒤 긴 것만 반 자른다.
2. 삼겹살은 0.5cm 두께로 썬 것을 준비해서 5cm 폭으로 썬다.
3. 양송이버섯은 열십자(+)로 4등분한다.
4. 애호박은 반 갈라 편으로 썰고, 양파는 0.5cm 폭으로 채 썬다.
5. 대파는 반 갈라 5cm 길이로 썰고, 풋고추는 어슷하게 썬다.
6. 분량의 양념 재료는 잘 섞는다.
7. 팬에 식용유를 두르고 삼겹살을 넣어 센 불에서 볶다가 삼겹살이 거의 익으면 청주를 넣어 섞은 뒤 버섯과 채소를 넣어 볶는다.
8. 채소가 반쯤 익으면 오징어를 넣고 오징어가 익기 시작하면 ⑥의 양념을 넣어 잘 섞어가며 오징어가 부드럽게 익을 정도로 볶는다.

 임성근의 한꿋!

- 오징어는 오래 볶으면 질겨지고 물이 생기니 센 불에서 재빨리 볶아야 맛있어요.
- 양념에 카레 가루를 넣으면 돼지고기의 잡내를 없애고 불향이 약간 나서 풍미가 좋아져요.
- 오징어 대신 주꾸미를 넣은 주삼 불고기를 만들 때는 주꾸미를 4~5마리 준비해서 소금과 밀가루를 넣어 바락바락 주물러 손질한 뒤 오삼 불고기와 같은 레시피로 조리하면 돼요.

# 매운 잡채

**재료**
당면 … 200g
돼지고기(잡채용) … 150g
부추 … ½줌
당근 … 6㎝
양파·피망·파프리카 … ½개씩
청양고추 … 2개
참기름 … 2큰술
소금 … 약간
식용유 … 적당량
**돼지고기 양념** 다진 파 1큰술,
다진 마늘·간장·설탕·
참기름 ½큰술씩, 생강즙 1작은술,
후춧가루 약간
**양념** 고추기름·고추장·물엿 2큰술씩,
고운 고춧가루·다진 마늘·설탕·
간장·참기름 1큰술씩

**한꿋 양념** 만능 맛가루·맛술 3큰술씩,
다진 마늘·설탕 1큰술씩

1. 당면은 식용유 1큰술을 넣은 끓는 물에 7분간 삶고 체에 밭쳐 물기를 뺀 뒤 참기름 1큰술을 둘러 섞는다.
2. 돼지고기는 분량의 돼지고기 양념에 조물조물 무쳐 밑간한다.
3. 부추는 6㎝ 길이로 썰고, 당근과 양파는 곱게 채 썬다.
4. 피망과 파프리카는 반 잘라 씨와 속살을 잘라낸 뒤 채 썰고, 청양고추도 채 썬다.
5. 분량의 양념 재료는 잘 섞는다.
6. 팬에 식용유를 약간씩 둘러가며 ③~④에서 준비한 채소를 소금 간만 약간씩하여 각각 볶아 낸다.
7. 팬에 식용유 1큰술을 둘러 달군 뒤 ②의 돼지고기를 가닥가닥 풀어가며 센 불에서 볶아낸다.
8. 팬에 ⑤의 양념을 넣어 타지 않게 1분간 끓이고 삶은 당면을 넣어 양념이 자작해질 때까지 30초간 볶는다.(a)
9. ⑧에 볶은 돼지고기와 채소를 모두 함께 넣어 재료가 어우러질 정도로만 볶아 불을 끄고 참기름을 둘러 섞는다.

 **임성근의 한꿋!**

- 당면 삶을 때 식용유를 넣으면 면이 잘 붙지 않고, 삶은 당면에 참기름을 둘러두면 당면끼리 붙지 않아요.
- 당면은 삶지 않고 불렸다가 볶아도 돼요. 불릴 때는 당면을 미지근한 물에 담가 부드러워질 때까지 충분히 불리세요.

# 해물 잡채

**재료**
당면 … 200g
오징어 … ½마리
칵테일 새우 … 10마리
바지락 살 … ½컵
부추 … ½줌
양파·홍 피망·노랑 파프리카 … ½개씩
멸치 국물 … 1컵
식용유 … 2큰술
다진 마늘·참기름·통깨·소금 …
1큰술씩
**양념** 간장 3큰술, 흑설탕 2큰술,
참기름 1큰술, 후춧가루 약간

**한끗 양념** 만능 간장 5큰술,
참기름 1큰술

1. 당면은 미지근한 물에 담가 부드러워질 때까지 충분히 불린다.
2. 오징어는 껍질을 벗기고 몸통 안쪽에 어슷하게 사선으로 칼집을 넣은 뒤 6x3cm 크기로 썬다.
3. 칵테일 새우는 물에 씻고 체에 밭쳐 물기를 뺀다.
4. 바지락 살은 물에 씻어 물기를 빼고 팬에 참기름과 다진 마늘 ½큰술을 넣어서 1분 정도 볶아낸다.
5. 부추는 5cm 길이로 썰고, 양파는 가늘게 채 썬다.
6. 피망과 파프리카는 반 갈라 씨와 속살을 제거해 가늘게 채 썬다.
7. 불린 당면은 체에 밭쳐 물기를 빼서 팬에 담고 멸치 국물과 양념을 넣어 국물이 없어질 때까지 볶아 쟁반에 펼쳐 한 김 식힌다.
8. 손질한 채소는 각각 식용유를 약간 두른 달군 팬에 소금으로 밑간을 해서 볶아 낸다.
9. 팬에 식용유를 두르고 먼저 다진 마늘 ½큰술을 볶다가 해물을 넣고 해물이 익을 정도로 센 불에서 볶아 낸다.
10. 큼직한 볼에 ⑦의 당면과 볶은 해물, 볶은 채소, 통깨를 넣고 버무려 접시에 담는다.

 **임성근의 한끗!**

- 바지락 같은 조갯살은 참기름에 볶아야 비린 맛을 잡을 수 있어요.
- 양념에 흑설탕을 넣으면 색감이 살아나고 단맛이 은은해져요.
- 당면은 물에 삶는 대신 멸치 국물에 익히면 감칠맛이 좋아지고 양념이 잘 배요.
- 당면은 한 김 식힌 뒤 무쳐야 쉽게 상하지 않아요.

# 쇠고기 피망 잡채

**재료**
쇠고기(홍두깨살) … 200g
피망·파프리카·양파 … ½개씩
부추 … 1줌
고추기름 … 2큰술
다진 마늘 … 1작은술
후춧가루 … 약간
식용유 … 적당량
**쇠고기 양념** 다진 파 2큰술,
다진 마늘·설탕·간장·참기름 1큰술씩,
후춧가루 약간
**양념** 굴소스·청주 2큰술씩,
참기름·통깨 1큰술씩, 설탕 ½큰술

**한꿋 양념** 만능 간장 3큰술,
참기름·통깨 1큰술씩

1. 쇠고기는 7㎝ 길이로 도톰하게 채 썰어 분량의 쇠고기 양념을 섞어 넣고 주물러 밑간한다.
2. 피망과 파프리카는 반 갈라 씨와 속살을 제거한 뒤 0.3㎝ 폭으로 채 썰고, 양파도 0.3㎝ 폭으로 채 썬다.
3. 부추는 7㎝ 길이로 썬다.
4. 분량의 양념 재료는 잘 섞는다.
5. 팬에 고추기름을 둘러 달군 뒤 피망과 파프리카, ④의 양념 ½ 분량을 넣어 센 불에서 볶아 덜어낸다.
6. 팬에 식용유를 두르고 다진 마늘을 볶다가 마늘 향이 나면 밑간한 쇠고기를 가닥가닥 풀어가며 센 불에서 볶는다.
7. 쇠고기가 익으면 남은 양념 ½ 분량을 넣어 뒤섞고 부추를 넣은 뒤 20초 정도만 살짝 볶아낸다.
8. 볼에 ⑤와 ⑦을 넣어 섞는다.

 **임성근의 한꿋!**

- 매콤하게 먹으려면 청양고추를 2개 정도 채 썰어 피망과 함께 볶으세요.
- 부추는 숨이 금방 죽으니 마지막에 넣고 살짝만 볶아야 색감을 살릴 수 있습니다.

# 도토리묵 무침

**재료**
도토리묵 … 1모(300g)
양파·오이 … ½개씩
당근 … 5cm
깻잎 … 5장
쑥갓 … 3줄기
청양고추 … 2개
들기름 … 2큰술
통깨 … 1큰술
**양념** 간장 5큰술, 고춧가루 4큰술, 맛술 2큰술, 고추장·다진 마늘·식초·설탕·물엿 1큰술씩

**한끗 양념** 만능 초무침 양념 1컵

1. 도토리묵은 3등분해서 1cm 두께로 네모지게 썬다.
2. 양파는 0.3cm 폭으로 채 썰고, 오이는 반 가르고 길이를 2등분해서 0.2cm 두께로 편 썰거나 반 갈라 어슷 썬다.
3. 당근은 반 갈라 0.2cm 두께로 편 썰고, 깻잎은 반 갈라 1cm 폭으로 썬다.
4. 쑥갓은 잎만 떼어 낸다.(a)
5. 청양고추는 얇게 어슷 썬다.
6. 볼에 분량의 양념 재료를 넣어 먼저 섞고 도토리묵과 채소를 모두 넣어 가볍게 버무린 다음 마지막에 들기름과 통깨를 뿌려 마무리한다.

 **임성근의 한끗!**

- 도토리묵을 쑬 때 들기름을 넣을 만큼 도토리묵은 들기름과 잘 어울리니 먹을 때도 참기름 대신 들기름을 넣으세요. 또한 들기름은 쑥갓의 향을 올리기도 하죠.

SO EASY SO DELICIOUS

# 골뱅이 무침

**재료**
통조림 골뱅이 … 1캔(400g)
오징어 채 … 1줌
오이 … ½개
당근 … 5㎝
깻잎 … 5장
대파 … 1대
**양념** 고춧가루·식초 3큰술씩,
통조림 골뱅이 국물·맛술·
고추장·물엿 2큰술씩,
다진 마늘·설탕·참기름·
통깨 1큰술씩, 후춧가루 약간

**한꿋 양념** 만능 초무침 양념 ½컵,
식초·참기름·통깨 1큰술씩

1. 통조림 골뱅이는 체에 밭쳐 양념에 사용할 국물은 따로 두고 한 입 크기로 썬다.
2. 오징어 채는 물에 한 번 헹구고 체에 밭쳐 물기를 뺀 뒤 6㎝ 길이로 자른다.
3. 오이는 반 가르고 길이를 2등분해서 0.2㎝ 두께로 썰고, 당근은 길이대로 가늘게 채 썬다. 깻잎은 반 갈라 1㎝ 폭으로 썬다. (a)
4. 대파는 4등분해서 반 갈라 가늘게 채 썬다. (b)
5. 큰 볼에 분량의 양념 재료를 넣어 섞는다.
6. ⑤의 볼에 ①~④의 재료를 모두 넣고 골고루 버무려 큰 접시에 담는다.

 **임성근의 한꿋!**

- 오징어 채는 물에 헹궈야 특유의 잡내를 없앨 수 있어요.
- 2배 식초 혹은 3배 식초를 사용하면 새콤한 맛이 한결 깔끔해집니다. 2배 혹은 3배 식초를 사용할 때는 식초의 분량을 줄이세요.
- 기호에 따라 소면을 삶아 곁들이세요.

# 쫄면

**재료**
쫄면 … 400g
달걀 … 1개
콩나물 … 1줌
오이·양파 … 1/3개씩
시판 초절임 무 … 8장
양배추 잎 … 1장
깻잎 … 2장
소금·식초 … 1큰술씩
**양념** 고추장·고운 고춧가루·간장·
2배 식초·물엿 2큰술씩,
다진 마늘·설탕·참기름 1큰술씩,
통깨 1작은술

**한끗 양념** 만능 초무침 양념 1/2컵,
식초·참기름 1큰술씩, 통깨 1작은술

1. 분량의 양념 재료를 섞어 1시간 정도 숙성시킨다.
2. 끓는 물에 달걀을 완숙으로 삶은 뒤 찬물에 담갔다가 껍데기를 벗기고 반 자른다.
3. 콩나물은 깨끗하게 손질해서 끓는 물에 아삭하게 삶은 뒤 바로 찬물에 헹구고 체에 밭쳐 물기를 뺀다.
4. 오이는 얇게 어슷 썰어 가늘게 채 썰고,(a) 양파는 가늘게 채 썰어 찬물에 담가 매운 맛을 뺀 뒤 체에 밭쳐 물기를 뺀다.
5. 초절임 무는 0.5cm 폭으로 채 썰고, 양배추는 최대한 가늘게 채 썬다. 깻잎도 채 썬다.
6. 쫄면은 손으로 비벼가며 가닥가닥 잘 풀어 끓는 물에 소금과 식초를 넣어 3분 정도 쫄깃하게 삶고 찬물에 헹군 뒤 체에 밭쳐 물기를 뺀다.
7. 삶은 쫄면에 양념을 넣고 비벼 그릇에 담고 준비한 채소와 삶은 달걀을 올린다. 또는 삶은 쫄면과 채소를 그릇에 담고 양념장과 달걀을 얹어도 된다.

a

 **임성근의 한끗!**

- 양념을 숙성시키면 고춧가루 풋내가 날아가요.
- 쫄면이 잘 풀어지지 않으면 찬물에 헹군 뒤 비벼가며 푸세요.
- 쫄면을 삶을 때 소금과 식초를 넣으면 면이 잘 붙지 않고 특유의 냄새도 제거돼요.

# 열무 비빔국수

**재료**
소면 … 2줌(160~180g)
열무김치 … 1컵
오이·양파 … ½개씩
식초·통깨 … 1작은술씩
**양념** 고운 고춧가루·간장·물엿 2큰술씩, 고추장·설탕·참기름·깨소금 1큰술씩

**한꿋 양념** 만능 초무침 양념 ½컵, 참기름·깨소금 1큰술씩

1. 소면은 끓는 물에 쫄깃하게 삶고 찬물에 식초를 넣어 비벼가며 헹군 뒤 체에 밭쳐 물기를 뺀다.
2. 오이는 어슷 썰어 가늘게 채 썰고, 양파도 가늘게 채 썬다.
3. 분량의 양념 재료를 큰 볼에 넣어 섞고 소면과 열무김치, 오이, 양파를 넣어 버무린 뒤 사리지어 그릇에 담고 통깨를 뿌린다.

 **임성근의 한꿋!**

- 소면은 삶은 뒤 찬물에 비벼가며 여러 번 헹궈야 전분기가 빠져 한결 쫄깃해져요. 또한 헹구면서 식초 1작은술을 넣으면 면이 더욱 쫄깃해집니다.
- 기호에 따라 김을 구워 위생백에 넣고 부순 뒤 함께 비벼 먹어도 맛있어요.

# 비빔냉면

**재료**
냉면 사리 … 2봉
다진 쇠고기 … 50g
달걀 … 1개
시판 초절임 무 … 8장
오이 … ½개
참기름 … 1큰술
**양념** 배즙 5큰술, 고운 고춧가루 4큰술,
간장 3큰술, 다진 파·참기름 2큰술씩,
다진 마늘·고추장·식초·통깨 1큰술씩,
생강즙 1작은술

**한꿋 양념** 만능 초무침 양념 ½컵,
참기름 2큰술, 통깨 1큰술

1. 쇠고기는 아무것도 두르지 않은 달군 팬에 넣어 풀어가며 물기가 없도록 볶아 식힌다.(a)
2. 달걀은 완숙으로 삶고 찬물에 담갔다가 껍데기를 벗긴 뒤 반으로 자른다.
3. 초절임 무는 2cm 폭으로 썰고, 오이는 가늘게 채 썬다.
4. 분량의 양념 재료를 섞고 ①의 쇠고기 볶음을 넣어 골고루 섞어 비빔 양념을 만든다.
5. 냉면은 끓는 물에 쫄깃하게 삶고 찬물에 비벼가며 여러 번 헹군 뒤 체에 밭쳐 물기를 뺀다.
6. ⑤의 냉면에 참기름을 넣어 섞고 사리지어 그릇에 담는다.
7. 냉면 위에 ④의 비빔 양념을 얹고 오이, 초절임 무, 달걀을 보기 좋게 얹어 낸다.

 임성근의 한꿋!

- 건면은 4분, 숙면은 1분 30초 정도 삶으세요.
- 삶은 냉면에 참기름을 넣어 섞으면 면이 불거나 붙는 것을 방지할 수 있어요.
- 먹기 전에 식초와 연겨자를 추가해서 비비면 더욱 상큼하고 깔끔한 맛을 낼 수 있습니다.
- 초절임 무 대신 열무를 넣으면 열무 비빔냉면이 됩니다.

# 광어 회덮밥

**재료**
밥 … 1½공기
광어 회 … 200g
양파 … ½개
오이 … ⅓개
양배추 잎 … 1장
깻잎 … 4장
무순 … 1팩
새싹채소 … 1줌
참기름 … 2큰술
**양념** 식초 4큰술, 고추장 3큰술, 고운 고춧가루·설탕·물엿 2큰술씩, 다진 마늘·통깨 1큰술씩, 생강즙 1작은술

**한끗 양념** 만능 초무침 양념 ½컵, 통깨 1큰술

1 양파는 얇게 채 썰고, 오이는 가늘게 채 썬다.
2 양배추는 가늘게 채 썰고, 깻잎은 돌돌 말아 채 썬다.
3 무순은 뿌리를 자르고, 새싹채소는 물에 헹군 뒤 물기를 턴다.
4 분량의 양념 재료는 골고루 섞는다.
5 따뜻한 밥을 큼직한 볼에 담고 준비한 채소를 보기 좋게 둘러 담은 뒤 광어 회를 올린다.
6 광어 회 위에 참기름을 얹고 양념을 얹거나 따로 담아낸다.

 **임성근의 한끗!**

● 기호에 따라 광어 회 대신 참치 회나 오징어 회를 올리거나 꼬막이 제철일 때는 삶은 꼬막 살을 얹어도 맛있어요.

# 물회

**재료**
오징어 회·광어 회 … 50g씩
전복·해삼 … 1마리씩
오이·양파 … ½개씩
양배추 잎 … 1장
깻잎 … 4장
**양념** 멸치 국물 3컵, 식초 5큰술,
고추장·고운 고춧가루·설탕 3큰술씩,
레몬즙·국간장·물엿·참기름 2큰술씩,
된장·깨소금 1큰술씩

**한끗 양념** 멸치 국물 3컵,
만능 초무침 양념 1컵, 식초 3큰술,
레몬즙 2큰술, 된장 1큰술, 소금 ½큰술

1. 분량의 양념 재료는 잘 섞어 냉동실에 넣어 살얼음이 얼 정도로 얼린다.
2. 전복은 솔로 구석구석 문질러 깨끗이 씻고 살과 껍데기 사이에 숟가락을 넣고 빙 둘러 살을 분리한 뒤 내장과 이빨을 떼고 살만 얄팍하게 저며 썬다.
3. 해삼은 양끝을 잘라내고 반 갈라 내장을 뺀 뒤 물에 헹구고 0.3~0.4㎝ 폭으로 썬다.
4. 오이는 가늘게 채 썰고, 양파는 얇게 채 썬다.
5. 양배추는 가늘게 채 썰고, 깻잎은 돌돌 말아 채 썬다.
6. 그릇에 오징어 회와 광어 회, 손질한 전복과 해삼, 준비한 채소를 보기 좋게 담고 ①의 국물을 부어 낸다.

 **임성근의 한끗!**

- 회는 기호에 따라 준비해도 됩니다. 전복과 해삼의 손질이 어려울 때는 판매처에 손질을 부탁하세요.
- 양념에 된장이 들어가면 감칠맛이 좋아져요.
- 소면을 쫄깃하게 삶아 함께 곁들여도 맛있어요.

# 코다리 양념 구이

**재료**
코다리 … 2마리
쪽파 … 1뿌리
청양고추·홍고추 … 1개씩
감자 전분(또는 찹쌀가루) … 3큰술
식용유 … 2큰술
통깨 … 1작은술
**양념** 물 2½큰술,
고춧가루·간장·물엿 4큰술씩,
황설탕·청주·배즙 3큰술씩,
유자청·다진 마늘 2큰술씩,
고추장 1큰술, 참기름 1작은술

**한꿋 양념** 물 2컵,
만능 맛가루·맛술·배즙 4큰술씩,
황설탕·유자청 3큰술씩, 간장 1큰술,
참기름 1작은술

1. 코다리는 머리와 꼬리, 지느러미를 잘라내고 배 쪽을 갈라 편 뒤 살과 뼈 사이에 칼을 집어넣어 뼈를 분리한(a) 다음 가시를 제거한다.
2. 쪽파와 고추는 각각 송송 썬다.
3. 분량의 양념 재료는 잘 섞는다.
4. 접시에 감자 전분을 올리고 코다리 살 쪽에 감자 전분을 얇게 골고루 묻힌다.
5. 달군 팬에 식용유를 두르고 코다리 살 쪽을 먼저 팬 바닥에 얹어 중불에서 노릇하게 굽고 뒤집어서 노릇하게 굽는다.(b)
6. 팬에 양념을 모두 부어 바글바글 끓으면 ⑤의 코다리를 껍질 쪽이 위로 가게 얹은 뒤 센 불에서 국물이 없어질 때까지 바짝 조린다.(c)
7. 코다리 위에 송송 썬 쪽파와 고추, 통깨를 뿌리고 접시에 담는다.

 **임성근의 한꿋!**

- 코다리 손질이 번거로울 때는 손질된 코다리를 구입해서 조리하세요.
- 밀가루는 열에 약해 금방 타기 때문에 감자 전분이나 찹쌀가루를 사용하세요.
- 코다리 머리는 버리지 말고 말렸다가 국물을 낼 때 사용하세요.

*SO EASY SO DELICIOUS*

장어 건장구이

장어 매콤 구이

장어 매콤 구이는 장어 간장 구이와 만드는 방법은 동일하며 간장 구이 양념에 고추장 1큰술과 고운 고춧가루 2큰술을 더 넣어 조리하면 됩니다.

# 장어 간장 구이

**재료**
장어 … 2마리
대파 … 1대
마늘·생강 … 4쪽씩
후춧가루 … 약간
식용유 … 적당량
**양념** 마른 고추 2개, 물 1컵, 맛술 5큰술, 간장 3큰술, 레몬즙·물엿 2큰술씩, 설탕 ½큰술, 후춧가루 약간

**한끗 양념** 만능 간장·물 5큰술씩, 후춧가루 약간

1 장어는 손질된 것으로 준비하여 물에 씻지 말고 껍질과 안쪽을 칼로 긁거나(a) 키친타월로 깨끗하게 닦아낸 뒤 반으로 자른다.
2 대파는 반 갈라 2~3등분하고, 마늘과 생강 2쪽은 편으로 썬다.
3 생강 2쪽은 가늘게 채 썰고 물에 헹궈 전분기를 뺀다.
4 센 불에 팬을 올리고 식용유 4큰술을 두른 뒤 ②의 대파, 마늘, 생강을 넣어 살짝 굽는다.(b)
5 ④의 팬에 장어를 올리는데, 껍질이 위로 가게 올려 3분 정도 굽고 뒤집어가며 노릇해질 때까지 굽는다.(c)
6 다른 팬에 양념을 넣어 끓인다.
7 양념이 바글바글 끓으면 구운 장어를 넣고 센 불에서 뒤집어가며 조린다.
8 조림 양념이 걸쭉해지고 장어에서 윤기가 나면 장어를 꺼내서 2~3cm 폭으로 썰어 접시에 담고 생강 채를 곁들여 낸다.

a

b

c

 **임성근의 한끗!**

- 장어는 물에 씻으면 비린내가 심해지니 껍질과 안쪽을 칼로 긁어 불순물을 제거하세요.
- 생강을 생으로 먹을 때는 전분기를 물에 헹궈야 쓴맛과 텁텁함이 빠져 특유의 향기로움을 살릴 수 있어요.
- 향채를 기름에 튀기면서 장어를 구우면 장어의 비린내 제거는 물론이며 장어의 풍미가 한결 좋아져요. 고등어 및 각종 생선을 구울 때도 활용해 보세요.

**임성근의 한끗!**

- 채소는 모서리를 둥글게 다듬어야 졸이면서 으스러져 국물이 걸쭉해지는 것을 방지할 수 있어요.
- 갈비가 익기 전에 양념을 하면 삼투압 작용으로 고기가 질겨지므로 반드시 고기가 익은 후에 양념을 해야 갈비를 부드럽게 먹을 수 있어요.
- 밤과 은행을 넣으면 보기 좋고 맛도 좋죠. 밤과 은행은 표고버섯과 함께 넣어 조리세요.

# 갈비찜

**재료**
쇠갈비 … 600g
무 … 100g
당근 … ½개
표고버섯 … 3개
마른 고추 … 2개
통깨 … 1큰술
**향채** 양파 ¼개, 대파 ¼대, 마늘 3쪽
**양념** 갈비 삶은 육수 3컵,
배즙·간장 5큰술씩,
청주·흑설탕 3큰술씩, 맛술 2큰술,
다진 마늘·참기름 1큰술씩,
후춧가루 약간

**한끗 양념** 물 2컵, 만능 간장 5큰술,
참기름 1큰술

1. 쇠갈비는 4~5cm 길이로 준비해서 칼로 기름을 제거하고 찬물에 담가 중간중간 물을 갈아가며 2시간 이상 핏물을 뺀다.
2. 무는 2~3cm 길이로 썬 뒤 열십자(+)로 4등분해서 모서리를 돌려깎고, (a) 당근은 삼각썰기한 뒤 모서리를 돌려깎는다. (a)
3. 표고버섯은 기둥을 떼어낸 뒤 열십자(+)로 4등분한다.
4. 마른 고추는 2cm 길이로 자른다.
5. 냄비에 ①의 쇠갈비를 넣고 충분히 잠길 정도로 물을 부어 불에 올린 뒤 물이 끓으면 향채를 넣어 중불에서 끓인다.
6. ⑤의 쇠갈비는 끓이는 동안 위에 뜨는 거품과 불순물을 걷어가며 50분간 삶아 건져 낸다.
7. 분량의 양념 재료는 잘 섞는다.
8. 냄비에 삶은 갈비와 양념 ⅓ 분량을 넣어 센 불에서 15분간 끓인 뒤 무와 당근, 양념 ⅓ 분량을 넣어 뒤섞고 국물이 끓어오르면 불을 줄여 15분간 더 끓인다.
9. ⑧에 나머지 양념 ⅓ 분량과 표고버섯, 마른 고추를 넣고 뒤섞어가며 15분 정도 더 끓인 뒤 통깨를 넣어 섞는다.

a

b

# 매운 돼지갈비찜

**재료**
돼지갈비 … 600g
감자 … 2개
오이 … ½개
물 … 3컵
참기름 … 3큰술
식초 … 1작은술
**향채** 양파 1개, 대파 ½대, 마늘 5쪽, 생강 1쪽
**양념** 간장 ½컵, 고춧가루 4큰술,
양파즙·배즙·간 파인애플·청주·
물엿 3큰술씩, 다진 마늘·설탕 2큰술씩,
참기름·통깨 1큰술씩,
다진 생강 ½큰술, 계핏가루 약간

**한끗 양념** 만능 간장 ½컵,
고춧가루 4큰술, 참기름·통깨 1큰술씩

1. 돼지갈비는 칼로 기름을 제거하고 찬물에 담가 중간중간 물을 갈아가며 2시간 이상 핏물을 뺀다.
2. 냄비에 ①의 돼지갈비를 넣고 충분히 잠길 정도로 물을 부어 불에 올린 뒤 물이 끓으면 향채를 넣어 함께 끓인다.
3. ②의 돼지갈비는 끓이는 동안 위에 뜨는 거품과 불순물을 걷어가며 10분간 삶아 건져 찬물에 헹군다.
4. 감자는 껍질을 벗기고 반 잘라 6등분하고, 오이는 반 갈라 삼각썰기 한다.
5. 분량의 양념 재료는 잘 섞는다.
6. 돼지갈비가 충분히 들어갈 정도의 냄비에 참기름을 두르고 삶은 돼지갈비를 넣어 5분 정도 볶다가 분량의 물을 붓고 30분 동안 끓인 뒤 ⑤의 양념을 넣어 끓인다.
7. 국물이 반 정도 줄면 감자를 넣고 국물이 끓으면 중불로 줄여 끓이고 오이를 넣은 뒤 국물이 자작하게 줄 때까지 중간중간 뒤섞어가며 끓인다.
8. 마지막에 식초를 넣어 뒤섞고 한소끔 끓인 뒤 불을 끈다.

 **임성근의 한끗!**

- 돼지갈비를 끓이기 전 참기름에 볶으면 누린내를 없앨 수 있어요.
- 매운 돼지갈비찜에 오이를 넣으면 시원하고 깔끔한 맛을 내면서 아주 잘 어울리죠.
- 양파(1개), 표고버섯(3개), 대파(1대)를 먹기 좋은 크기로 썰어 넣어도 좋아요. 감자를 넣을 때 표고버섯을 넣고 국물이 거의 졸아들면 양파와 대파를 넣으세요.
- 마지막에 식초를 넣으면 돼지고기 잡냄새를 없애고 고기의 부드러운 식감도 살릴 수 있어요. 아주 조금만 넣어야 신맛 없이 먹을 수 있습니다.

# 돼지고기 들깨 묵은지찜

**재료**
묵은지 … 500g
삼겹살 … 300g
양파 … ½개
대파 … 10㎝
멸치 국물 … 5컵
**양념** 고춧가루·거피 들깨가루 3큰술씩,
맛술·액젓·설탕·들기름 2큰술씩,
다진 마늘·된장·고추냉이 1큰술씩,
후춧가루 ⅓큰술

**한꿋 양념** 만능 맛가루 5큰술,
설탕 2큰술, 된장·고추냉이 1큰술씩

1. 묵은지는 속을 털고, 삼겹살은 1.5㎝ 두께로 썬다.
2. 양파는 0.5㎝ 폭으로 썰고, 대파는 반 갈라 5㎝ 길이로 썬다.
3. 분량의 양념 재료는 잘 섞는다.
4. 냄비에 묵은지를 통째로 넣고 삼겹살을 김치 사이사이에 끼워 넣는다. (a)
5. ④에 묵은지가 잠길 정도로 멸치 국물을 붓고 ③의 양념장을 넣어 센 불에서 한소끔 끓인 뒤 중불에서 끓이는데; 묵은지가 타지 않게 중간중간 묵은지를 뒤적인다.
6. 국물이 자작해지면 양파와 대파를 넣고 채소가 익을 때까지 끓인다.

a

 **임성근의 한꿋!**

- 김치는 속을 털어내고 조리해야 맛이 깔끔해요.
- 묵은지가 오래돼서 묵은 냄새가 날 때는 물에 한 번 헹군 뒤 조리하세요.
- 양념에 고추냉이를 넣으면 맛이 한결 개운해지고 잡내가 없어져요.
- 김치찜은 다음날 다시 데워 먹으면 한층 부드럽고 맛있어요.

# 찜닭

**재료**
닭(닭볶음탕용) … 1마리
넙적 당면 … 1줌
표고버섯 … 3개
감자 … 1개
양파·오이 … ½개씩
대파 … 1대
홍고추 … 1개
참기름 … 1큰술
물 … 2컵
**향채** 양파 ½개, 대파 1대, 마늘 3쪽, 생강 1쪽
**양념** 간장·맛술·흑설탕 3큰술씩, 액젓·황물엿 2큰술씩, 짜장 가루·다진 마늘 1큰술씩, 다진 생강 ½큰술

**한꿋 양념** 만능 간장 4큰술, 짜장 가루 1큰술

1  닭은 먹기 좋게 손질된 닭볶음탕용으로 준비하여 흐르는 물에 깨끗이 씻는다.
2  당면은 미지근한 물에 부드러워질 때까지 불리고 체에 밭쳐 물기를 뺀다.
3  ①의 닭을 향채와 함께 냄비에 넣고 물을 넉넉히 부어 10분 정도 삶은 뒤 닭만 건져낸다.
4  표고버섯은 2등분하고, 감자는 껍질을 벗겨 한 입 크기로 썬 뒤 끓는 물에 살짝 삶아낸다.
5  양파는 열십자(+)로 썰어 4등분하고, 오이는 반 갈라 삼각썰기 한다.
6  대파는 반 갈라 4cm 길이로 썰고, 홍고추는 3등분한다.
7  분량의 양념 재료는 잘 섞는다.
8  냄비에 분량의 물을 붓고 ⑦의 양념을 넣어 푼 뒤 삶은 닭을 넣고 센 불에서 끓인다.
9  국물이 팔팔 끓으면 ④~⑥의 손질한 채소를 넣고 10분간 조린다.
10 양념 국물이 ¾ 정도 줄면 불린 당면을 넣고 끓이면서 뒤섞은 뒤 불을 끄고 참기름을 둘러 섞는다.

 **임성근의 한꿋!**

- 흑설탕은 은은한 단맛을 내며 음식의 색감도 훨씬 먹음직스럽게 만들어요.
- 양념에 짜장 가루를 넣으면 찜닭의 색이 진해지고 닭 특유의 비린내가 제거되며 요리의 풍미도 훨씬 좋아져요.
- 오이는 찜닭에 향긋한 맛을 내는 역할을 합니다. 맛도 아주 잘 어울리죠.

236

# 닭볶음탕

**재료**
닭(볶음탕용) ⋯ 1마리
숙주 ⋯ 200g
감자 ⋯ 2개
양파 ⋯ ½개
대파 ⋯ 1대
물 ⋯ 5컵
참기름 ⋯ 2큰술
**양념** 고춧가루 6큰술, 다진 마늘·
고추장·간장·청주·참기름 2큰술씩,
짜장 가루·설탕·통깨 1큰술씩,
다진 생강·소금 ⅓큰술씩,
후춧가루 1작은술

**한꿋 양념** 만능 맛가루 6큰술,
맛술 3큰술, 물엿 2큰술,
짜장 가루·설탕·간장 1큰술씩

1. 닭은 먹기 좋게 손질된 닭볶음탕용으로 준비하여 흐르는 물에 깨끗이 씻고 끓는 물에 표면이 익을 정도로 삶은 뒤 체에 밭쳐 물기를 뺀다.
2. 숙주는 흐르는 물에 씻고 체에 밭쳐 물기를 뺀다.
3. 감자는 큼직하게 깍둑 썰고, 양파는 열십자(+)로 4등분한다.
4. 대파는 5㎝ 길이로 썰고 반 갈라 가늘게 채 썬다.
5. 분량의 양념 재료는 잘 섞는다.
6. 냄비에 참기름을 두르고 ①의 닭고기를 넣어 노르스름하게 볶는다. 볶으면서 생긴 국물은 버린다.
7. ⑥에 분량의 물을 붓고 양념을 넣어 센 불에서 15분 정도 끓이다가 감자를 넣어 10분 동안 끓이고 양파를 넣어 5분 동안 끓인다.
8. 닭이 익으면 숙주와 대파 채를 넣은 다음 한소끔 끓인다.

 **임성근의 한꿋!**

- 양념에 조리기 전 닭고기를 참기름에 한 번 볶아내면 닭고기의 비린 맛이 완벽하게 제거돼요.
- 닭고기를 조릴 때 처음부터 양념을 넣으면 텁텁한 맛이 나고 양념이 눌어붙을 수 있으니 닭고기가 익은 다음 양념을 넣어 조리세요.

# 코다리찜

**재료**
코다리 … 2마리
콩나물(찜용) … 300g
양파 … ½개
미나리 … 5줄기
콩나물 삶은 물 … 1컵
물녹말(물 1큰술, 녹말가루 1작은술)·
참기름·통깨 … 1큰술씩
**양념** 고춧가루 4큰술, 간장 3큰술,
맛술·설탕 2큰술씩,
다진 마늘·액젓·참기름 1큰술씩,
다진 생강·깨소금 1작은술씩

**한꾸 양념** 만능 맛가루 5큰술,
맛술 3큰술, 설탕 2큰술, 액젓 1큰술

1. 코다리는 흐르는 물에 씻고 머리와 꼬리, 지느러미를 잘라낸 뒤 5㎝ 길이로 자른다.
2. 콩나물은 찜용으로 준비하여 거두절미하고 깨끗이 헹군 뒤 냄비에 넣고 콩나물이 잠길 정도로 물을 부어 끓인다. 끓기 시작하면 2분 정도 더 삶은 뒤 바로 찬물에 헹궈 식히고 체에 밭쳐 물기를 뺀다. 콩나물 삶은 물은 버리지 말고 따로 둔다.
3. 양파는 0.5㎝ 폭으로 채 썰고, 미나리는 5㎝ 길이로 썬다.
4. 냄비에 콩나물 삶은 물 1컵을 붓고 분량의 양념을 푼 뒤 코다리를 넣어 5분 정도 중불에서 끓인다.
5. 코다리가 익으면 삶은 콩나물과 양파를 넣어 볶고 재료가 잘 어우러지면 물녹말을 조금씩 넣어가며 농도를 맞춘다.
6. ⑤에 미나리를 넣어 섞고 마지막에 참기름과 통깨를 넣어 뒤섞는다.

 **임성근의 한꾸!**

- 콩나물은 삶지 않고 그대로 조리하면 콩나물에서 수분이 계속 빠져 찜에 국물이 많아지고 콩나물이 질겨지니 삶아서 찬물에 식혔다가 조리해야 아삭한 식감을 살릴 수 있어요.
- 물녹말은 한꺼번에 넣으면 뭉칠 수 있으므로 조금씩 부어가며 농도를 맞추는 게 좋아요.

# 해물찜

**재료**
오징어·꽃게 … 1마리씩
황태 … ½마리
새우(중하) … 10마리
바지락 … 20개
미더덕 … 100g
콩나물(찜용) … 400g
미나리 … ½줌
대파 … 1대
청양고추 … 2개
홍고추 … 1개
참기름 … 2큰술
물녹말(물 2½큰술, 녹말가루 1큰술) … 2½큰술
물 … 2컵
**양념** 멸치 국물·고춧가루 1컵씩, 맛술 3큰술, 된장·간장·액젓·다진 마늘·설탕 2큰술씩, 생강즙·통깨 1큰술씩, 후춧가루 1작은술

**한꿋 양념** 만능 맛가루 6큰술, 액젓·설탕 2큰술씩, 된장 1큰술

1. 오징어는 다리를 잡아당겨 내장을 뺀 뒤 깨끗이 씻어 몸통은 1cm 폭으로 둥글게 썰고, 다리는 2개씩 자른다.
2. 꽃게는 솔로 구석구석 문질러 흐르는 물에 씻고 딱지를 뗀 뒤 아가미를 제거한 다음 몸통을 4등분한다.
3. 황태는 머리와 꼬리, 지느러미를 자르고 5cm 길이로 자른 뒤 물에 5분 정도 담가 불렸다가 물기를 꼭 짠 다음 석쇠에 올려 앞뒤로 한 번 굽는다.
4. 새우는 꼬치로 등쪽의 내장을 빼고, 바지락은 옅은 소금물에 담가 해감을 토하게 한다.
5. 미더덕은 옅은 소금물에 흔들어 씻고 물기를 뺀다.
6. 콩나물은 찜용으로 준비하여 거두절미하고 깨끗이 헹군 뒤 체에 밭쳐 물기를 뺀다.
7. 미나리는 5cm 길이로 썰고, 대파는 반 갈라 5cm 길이로 썬다. 고추는 어슷 썬다.
8. 분량의 양념 재료는 잘 섞는다.
9. 냄비에 분량의 물을 붓고 손질한 해물과 콩나물을 모두 넣은 뒤 뚜껑을 덮어 센 불에서 3분 정도 끓인 다음 냄비의 물을 따라버린다.
10. ⑨에 바로 양념을 넣어 섞어가며 볶고 해물이 거의 익고 양념이 잘 어우러지면 대파와 고추를 넣어 섞은 뒤 물녹말을 넣어가며 농도를 조절한다.
11. 해물이 다 익으면 미나리를 넣고 마지막에 참기름을 둘러 섞는다.

 **임성근의 한꿋!**

- 황태를 한 번 구워서 조리하면 황태 특유의 잡내를 없앨 수 있어요.
- 콩나물은 익으면서 물이 많이 생기니 콩나물을 익힐 때 물을 조금만 넣으세요.
- 해물찜과 같은 레시피로 아귀찜, 꽃게찜, 미더덕찜을 만들 수 있습니다. 아귀찜은 아귀 1마리, 꽃게찜은 꽃게 4마리, 미더덕찜은 미더덕 600g을 준비해서 위와 같은 방법으로 조리하세요.

# 해물 라면

**재료(1인분)**
라면 사리 … 1봉지
오징어 … ½마리
새우(중하) … 3마리
바지락 … 7개
콩나물 … 1줌
대파(흰 부분) … ½대
고추기름 … 2큰술
다진 마늘 … ½큰술
생강즙 … 1작은술
멸치 국물 … 4컵
**양념** 고춧가루 2큰술,
간장·액젓 1큰술씩,
소금·후춧가루 약간씩

**한끗 양념** 만능 맛가루 3큰술

1. 오징어는 깨끗이 손질한 뒤 몸통은 둥글게 썰고, 다리는 1개씩 자른다.
2. 새우는 꼬치로 등쪽의 내장을 빼고, 바지락은 옅은 소금물에 담가 해감을 토하게 한다.
3. 콩나물은 잡티를 떼고 물에 헹군 뒤 체에 받쳐 물기를 빼고, 대파는 가늘게 채 썰어 찬물에 담가 매운 맛을 뺀다.
4. 냄비에 고추기름을 두르고 다진 마늘과 생강즙을 넣어 볶다가 기름에 마늘 향이 배면 양념 재료 중 간장을 냄비 가장자리로 둘러 넣어 불향을 낸 다음 불을 끄고 고춧가루를 넣어 섞는다.

4-1. 냄비에 고추기름을 두르고 다진 마늘과 생강즙을 넣어 볶다가 기름에 마늘 향이 배면 불을 끄고 만능 맛가루를 넣어 섞는다.

5. ④의 냄비에 다시 불을 켜고 멸치 국물을 부은 뒤 액젓과 소금, 후춧가루를 약간 넣어 끓인다.

5-1. ④-①의 냄비에 다시 불을 켜고 멸치 국물을 부어 끓인다.

6. 국물이 팔팔 끓으면 콩나물과 해물, 라면 사리를 넣어 끓인다.
7. 해물과 라면이 익으면 그릇에 담고 위에 대파 채를 올려낸다.

 **임성근의 한끗!**

- 해물은 취향에 따라 혹은 냉장고에 있는 것으로 준비하세요.
- 기름이 뜨거울 때 냄비 가장자리에 간장을 둘러 넣으면 불향이 나 요리에 좋은 풍미가 더해집니다.
- 고춧가루는 센 불에서 볶으면 타서 쓴맛이 나므로 불을 끈 상태에서 볶는 게 좋아요.

# 육개장 라면

**재료(1인분)**
라면 사리 … 1봉지
쇠고기(불고깃감) … 50g
달걀 … 1개
삶은 고사리 … 5줄기
숙주 … 1줌
팽이버섯 … ⅓봉
대파 … 1대
고추기름 … 2큰술
다진 마늘 … 1큰술
생강즙 … 1작은술
물 … 4컵
**양념** 고춧가루 2큰술,
간장·액젓 1큰술씩, 소금 1작은술,
후춧가루 약간

**한꿋 양념** 만능 맛가루 4큰술

1. 쇠고기는 한 입 크기로 썰고, 고사리는 억센 줄기를 잘라낸 뒤 6~7㎝ 길이로 썬다.
2. 숙주는 물에 헹구고 체에 밭쳐 물기를 빼고, 팽이버섯은 밑둥을 자른다.
3. 대파는 반 갈라 5㎝ 길이로 썬다.
4. 냄비에 고추기름을 두르고 다진 마늘과 생강즙을 넣어서 마늘이 노르스름해질 때까지 볶은 뒤 불을 끄고 양념을 넣어 섞는다.
5. 냄비에 분량의 물을 붓고 다시 불을 켠 다음 물이 끓으면 쇠고기와 준비한 채소를 모두 넣어 3분간 끓이다가 라면을 넣고 4분간 더 끓인다.
6. 달걀을 ⑤에 깨뜨려 넣고 30초 정도만 끓인 뒤 그릇에 담는다.

 **임성근의 한꿋!**

- 양념을 만들 때 고운 고춧가루만 넣으면 텁텁하고, 일반 고춧가루만 넣으면 국물이 거칠어지므로 일반 고춧가루와 고운 고춧가루를 반반씩 섞어 넣으면 좋아요.

# PLUS RECIPE 1

### 만능 강정 소스

마요네즈 1½컵, 물·설탕 ½컵씩,
땅콩버터·간장·참기름
4큰술씩,
고운 고춧가루 3큰술,
고추기름·초고추장 2큰술씩.

1  분량의 재료를 모두 섞어
    만능 강정 소스를 만든다.

## 어육 강정

**재료**

동태 포 … 300g   소금 … 1작은술
녹말가루 … 1컵   후춧가루 … 약간
만능 강정 소스 … 5큰술   튀김 기름 … 적당량

1  동태 포는 3×5㎝ 크기로 썰어 소금과
    후춧가루를 뿌려 밑간을 한다.
2  ①의 동태 살에 가볍게 녹말가루를 묻혀 5분간
    두었다가 동태 살에서 수분이 나와 녹말가루가
    모두 젖으면 다시 한 번 가볍게 녹말가루를 묻힌다.
3  170~180℃의 튀김 기름에 ②의 동태 살을 노릇하게
    튀기고 체에 밭쳐 기름기를 빼낸 한 김 식힌다.
4  만능 강정 소스를 볼에 담고 ③의 동태 튀김을 넣어
    버무린다.

## 두부 강정

**재료**
두부 … 1모
녹말가루 … 1컵
만능 강정 소스 … 5큰술
다진 땅콩 … 3큰술
튀김 기름 … 적당량

1 두부는 사방 2㎝ 크기의 주사위 모양으로 썰고 키친타월 위에 올려 물기를 제거한다.
2 위생백에 두부와 녹말가루를 넣고 흔들어 두부에 녹말가루를 골고루 묻힌다.
3 170~180℃의 튀김 기름에 ②의 두부를 넣어 노릇하게 튀기고 체에 받쳐 기름기를 빼며 한 김 식힌다.
4 ③의 두부 튀김을 만능 강정 소스에 버무린 뒤 다진 땅콩을 뿌린다.

## 버섯 강정

**재료**
양송이버섯 … 10개
물·튀김가루 … 1컵씩
만능 강정 소스 … 5큰술
맥주 … 3큰술
튀김가루(덧가루용)·튀김 기름 … 적당량씩

1 양송이버섯은 열십자(+)로 4등분한다.
2 튀김가루에 물과 맥주를 섞어 튀김옷을 만든다.
3 양송이버섯에 튀김 가루를 가볍게 입힌 뒤 한 입 크기씩 집어 튀김옷을 입힌다.
4 170~180℃의 튀김 기름에 튀김옷을 입힌 버섯을 노릇하게 튀기고 체에 받쳐 기름기를 뺀다.
5 ④의 튀김을 3분 뒤 한 번 더 튀긴 다음 기름을 빼고 만능 강정 소스에 버무린다.

 **임성근의 한끗!**

- 두부에 물기가 있으면 튀길 때 기름이 튈 수 있으니 두부의 물기를 잘 제거하세요.
- 버섯은 물에 씻으면 물기를 많이 먹고 영양소가 손실되니 먼지만 살살 털어 손질하세요.
- 양송이버섯 대신 느타리버섯을 쪽쪽 찢고, 마른 표고버섯을 물에 불려 물기를 꼭 짠 다음 채 썰어 함께 튀겨도 맛있어요.

어묵탕 … 179
어육 강정 … 246
얼갈이 된장 볶음 … 51
얼갈이 새콤 무침 … 107
얼큰 쇠고기 콩나물 뭇국 … 117
얼큰 어묵탕 … 147
얼큰 오징어 콩나물국 … 123
얼큰 콩나물국 … 121
연근 조림 … 77
열무 비빔국수 … 217
오삼 불고기 … 203
오이 된장 무침 … 58
오이 미역 초무침 … 55
오이 볶음 … 53
오이지 … 57
오이지 무침 … 57
오징어 꽈리고추 조림 … 89
오징어 볶음 … 195
오징어 오이 무침 … 69
오징어 채 무침 … 43
오징어 채 볶음 … 43
오징어 채소 초무침 … 69
우엉 조림 … 77
유부 우동 … 178
육개장 라면 … 245

ㅈ
자반 고등어 구이 … 105
잔멸치 볶음 … 39
잔멸치 호두 볶음 … 38
잔치국수 … 178
장어 간장 구이 … 227
장어 매콤 구이 … 226

제육 볶음 … 197
조기 매운탕 … 159
조기 양념 조림 … 97
쫄면 … 215
찜닭 … 235

ㅊ
차돌 된장찌개 … 130
차돌 육개장 … 163
참나물 무침 … 62
참치 얼큰 찌개 … 139
채소 무침 … 106
채소 장아찌 … 108
취나물 볶음 … 63

ㅋ
코다리 간장 조림 … 93
코다리 양념 구이 … 225
코다리찜 … 239
콩나물 매콤 무침 … 73
콩나물 무침 … 72
콩나물 얼큰 조림 … 73

ㅌ
토마토 장아찌 … 109

ㅎ
해물 라면 … 243
해물 볶음 … 191
해물 볶음 우동 … 193
해물 잡채 … 207
해물찜 … 241
해물탕 … 161

## 주재료 찾아보기

닭고기 … 162, 235, 237
돼지고기 … 133, 135, 141, 189, 197, 201, 203, 205, 231, 233
쇠고기 … 47, 85, 101, 115, 117, 129, 130, 163, 165, 167, 171, 192, 199, 209, 219, 229, 245

―
갈치 … 91, 105
고등어(자반) … 105
광어(회) … 221, 223
꽃게 … 70, 71, 103, 149, 241
낙지 … 167, 169, 191, 193, 194
대구 … 153
동태 … 151, 246
명태 알 … 155
바지락 … 127, 131, 137, 241
새우 … 102, 171, 191, 193, 207, 241
오징어 … 69, 89, 123, 141, 171, 195, 203, 207, 223, 241, 243
장어 … 226, 227
전복 … 191, 193, 223
조기 … 97, 159

―
고등어(통조림) … 145
골뱅이(통조림) … 213
김 … 174
꽁치(통조림) … 95, 133
마른 미역 … 55, 173
마른 새우 … 45
멸치 … 38, 39, 111

249

백명란 … 157
북어 … 119
오징어 채 … 43, 213
참치(통조림) … 139
코다리 … 93, 225, 239
황태 … 241

---

가지 … 47, 60, 61, 174
감자 … 74, 75
고사리 … 49
곤드레 … 48
깻잎 … 111
꽈리고추 … 79, 85, 89, 99
대파 … 107, 201
도라지 … 67
마늘 … 85
마늘종 … 45
메추리알 … 86
무말랭이 … 65
봄동 … 66
새송이버섯 … 87
새싹채소 … 198
시금치 … 63, 127
시래기 … 50, 129, 145
아삭이고추 … 59
알배추 … 125
얼갈이 … 51
연근 … 77
오이 … 53, 55, 57, 58, 69, 173
우엉 … 77
파프리카 … 209
피망 … 209

참나물 … 62
취나물 … 63
콩나물 … 72, 73, 117, 120, 121, 123, 243

---

곤약 … 79
냉동 만두 … 165
냉면 … 219
당면 … 199, 205, 207
도토리묵 … 211
두부 … 81, 83, 157, 189, 247
떡(떡볶이) … 185, 187
라면 사리 … 143, 185, 243, 245
소면 … 175, 178, 217
순두부 … 137
어묵 … 40, 41, 147, 179, 183
우동 사리 … 141, 177, 178, 193
유부 … 178
쫄면 … 215

## 한끗 양념 찾아보기

**만능 간장**

잔멸치 호두 볶음 … 38
잔멸치 볶음 … 39
어묵 고추 볶음 … 40
오징어 채 볶음 … 43
마른 새우 마늘종 볶음 … 45
콩나물 얼큰 조림 … 73
감자 매콤 조림 … 74
감자 조림 … 75
연근 조림 … 77
우엉 조림 … 77
꽈리고추 곤약 조림 … 79
두부 조림 … 81
두부 엿장 조림 … 83
쇠고기 장조림 … 85
메추리알 장조림 … 86
새송이 간장 절임 … 87
오징어 꽈리고추 조림 … 89
갈치 조림 … 91
코다리 간장 조림 … 93
꽁치 엿장 조림 … 95
조기 양념 조림 … 97
간장 떡볶이 … 187
해물 볶음 … 191
쇠고기 볶음 우동 … 192
해물 볶음 우동 … 193
낙지 볶음 … 194
오징어 볶음 … 195
제육 볶음 … 197
불고기 채소 비빔밥 … 198
불고기 … 199
대패 삼겹 파 불고기 … 201
오삼 불고기 … 203

해물 잡채 … 207
쇠고기 피망 잡채 … 209
장어 간장 구이 … 227
갈비찜 … 229
매운 돼지갈비찜 … 231
찜닭 … 235

### 만능 맛가루
매운 멸치 볶음 … 39
어묵 매운 볶음 … 41
무말랭이 무침 … 65
콩나물 매콤 무침 … 73
꽈리고추 양념찜 … 99
얼큰 쇠고기 콩나물 뭇국 … 117
얼큰 콩나물국 … 121
얼큰 오징어 콩나물국 … 123
꽁치 김치찌개 … 132
돼지고기 김치찌개 … 133
돼지고기 감자 고추장찌개 … 135
섞어찌개 … 141
부대찌개 … 143
고등어 시래기찌개 … 145
얼큰 어묵탕 … 147
꽃게탕 … 149
동태탕 … 151
낙지전골 … 169
어묵 얼큰 덮밥 … 183
국물 떡볶이 … 185
두부김치 … 189
매운 잡채 … 205
코다리 양념 구이 … 225
돼지고기 들깨 묵은지찜 … 233
닭볶음탕 … 237

코다리찜 … 239
해물찜 … 241
해물 라면 … 243
육개장 라면 … 245

### 만능 나물 무침 양념
곤드레 볶음 … 48
고사리 볶음 … 49
오이 볶음 … 53
가지 무침 … 61
참나물 무침 … 62
시금치 무침 … 63
취나물 볶음 … 63

### 만능 나물 무침용 된장
시래기 들깨 된장 볶음 … 50
얼갈이 된장 볶음 … 51
오이 된장 무침 … 58
아삭이고추 매콤 된장 무침 … 59

### 만능 국물용 된장
강된장 … 101
배추 된장국 … 125
바지락 시금치 된장국 … 127
차돌 된장찌개 … 130
바지락 된장찌개 … 131

### 만능 초무침 양념
봄동 겉절이 … 66
도라지 초무침 … 67
오징어 오이 무침 … 69
오징어 채소 초무침 … 69
양념 게장 … 70

꽃게 살 무침 … 71
도토리묵 무침 … 211
골뱅이 무침 … 213
쫄면 … 215
열무 비빔국수 … 217
비빔냉면 … 219
광어 회덮밥 … 221
물회 … 223

### 만능 차돌박이 고추기름
시래기 들깨 해장국 … 129
바지락 순두부찌개 … 137
참치 얼큰 찌개 … 139
알탕 … 155
조기 매운탕 … 159
해물탕 … 161
닭개장 … 162
차돌 육개장 … 163
만두전골 … 165
불낙전골 … 167
궁중전골 … 171

협찬처

**스켑슐트코리아**
070-4160-0011 www.skeppshult-korea.com

아무도 가르쳐주지 않았던 맛내기 비법 공개
## 임성근의 한끗 다른 집밥

펴낸 날 초판 2018년 11월 15일
8쇄 2023년 1월 1일

지은이 임성근
펴낸이 김민경

기획·진행 이채현
사진 박상국(lonlon), 이예린(15 studio)
푸드 스타일링 김상영(noda+)
디자인 임재경(Anotherdesign)
사진 어시스트 류주엽
푸드 스타일링 어시스트 이설아
요리 어시스트 이빛나리
종이 영지페이퍼
인쇄 도담프린팅

펴낸 곳 팬앤펜(PAN n PEN) 출판사
출판등록 제307-2015-17호
주소 서울 성북구 삼양로 43 IS빌딩 201호
전화 02-6384-3141
팩스 0507-090-5303
이메일 panpenpub@gmail.com
온라인 에디터 조순진
블로그 blog.naver.com/pan-pen
인스타그램 @pan_n_pen

편집저작권 ⓒPAN n PEN, 2018

이 책은 저작권법에 따라 보호를 받는 저작물이므로 무단 전재와 복제를 금지합니다.
이 책 내용의 전부 또는 일부를 이용하려면 반드시 저작권자와 팬앤펜의 서면 동의를 받아야 합니다.
제본 및 인쇄가 잘못되었거나 파손된 책은 구입하신 곳에서 교환해드립니다.

ISBN 979-11-965125-0-7 13590
값 18,000원